CAMINHOS DE ESPERANÇA

ANGELA SIRINO

CAMINHOS DE ESPERANÇA

UM CONVITE PARA A
REDESCOBERTA DA VIDA

Vida

Editora Vida
Rua Conde de Sarzedas, 246 — Liberdade
CEP 01512-070 — São Paulo, SP
Tel.: 0 xx 11 2618 7000
atendimento@editoravida.com.br
www.editoravida.com.br
@editora_vida /editoravida

Todas as citações bíblicas e de terceiros foram adaptadas segundo o Acordo Ortográfico da Língua Portuguesa, assinado em 1990, em vigor desde janeiro de 2009.

■

As opiniões expressas nesta obra refletem o ponto de vista de seus autores e não são necessariamente equivalentes às da Editora Vida ou de sua equipe editorial.

Os nomes das pessoas citadas na obra foram alterados nos casos em que poderia surgir alguma situação embaraçosa.

Todos os grifos são do autor, exceto os indicados.

Editora-chefe: Sarah Lucchini
Editor responsável: Paulo Peres
Revisão de texto: Rosalice Gualberto
Revisão de provas: Bárbara Bie
Coordenadora de design gráfico: Claudia Fatel Lino
Projeto gráfico e diagramação: Philipe Santos
Capa: Lira Lira

1. edição: mar. 2025

Dados Internacionais de Catalogação na Publicação (CIP)
(Câmara Brasileira do Livro, SP, Brasil)

Sirino, Angela
Caminhos de esperança : um convite para a redescoberta da vida / Angela Sirino. -- 1. ed. -- São Paulo : Editora Vida, 2025.

ISBN 978-65-5584-654-6
e-ISBN 978-65-5584-657-7

1. Alma 2. Cura 3. Emoções - Aspectos psicológicos 4. Emoções - Aspectos religiosos - Cristianismo 5. Inspiração 6. Jesus Cristo 7. Psicologia e religião 8. Reflexões I. Título.

25-252864 CDD-200.19

Índice para catálogo sistemático:

1. Psicologia e religião 200.19
Eliete Marques da Silva - Bibliotecária - CRB-8/9380

"Viver é para os fortes, mas entender
a vida é para os corajosos."

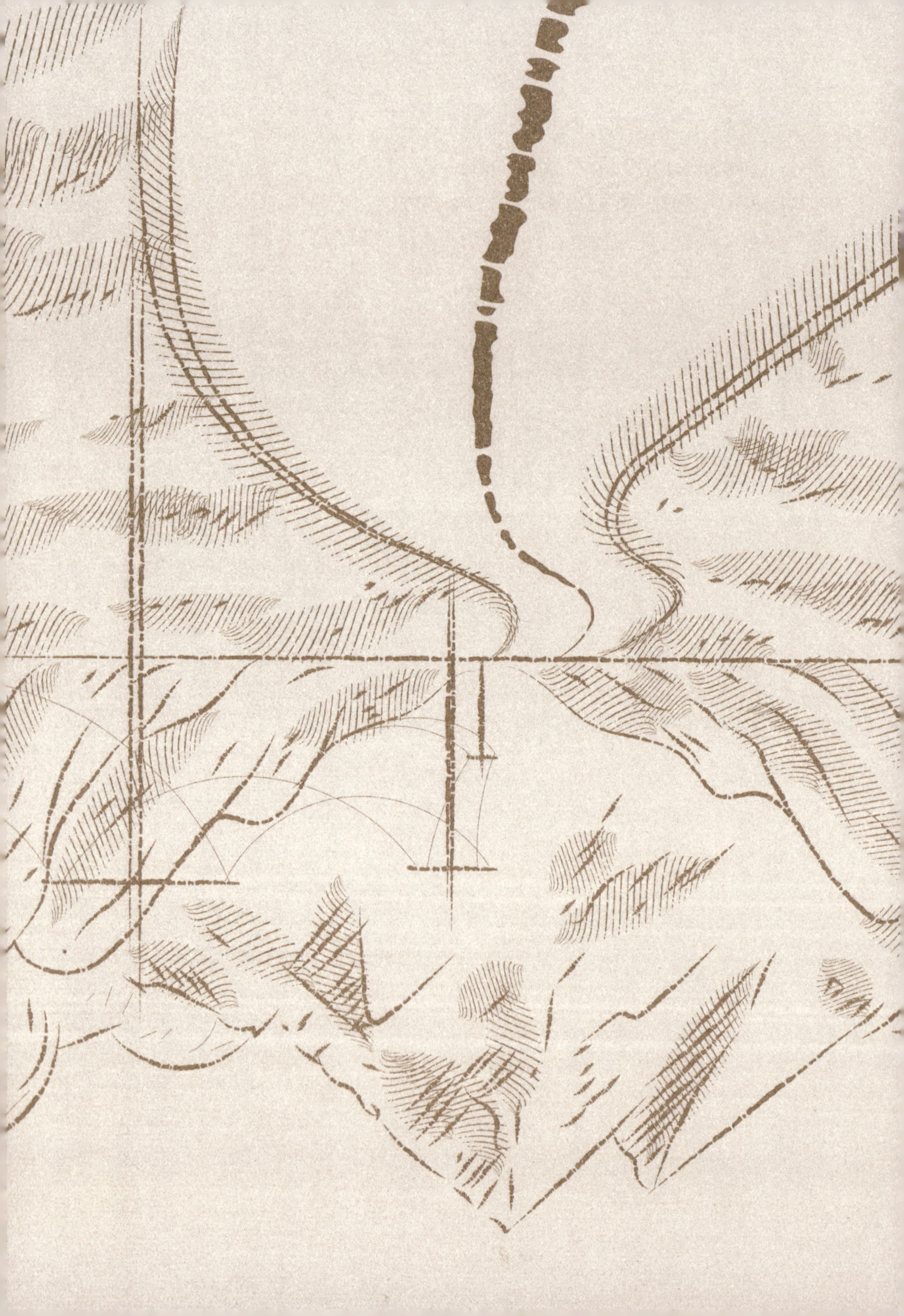

Sou suspeito para falar, mas é emocionante ver como Angela se transformou em sua melhor versão, e essa mudança impactou não apenas minha vida, mas toda a nossa família. É um privilégio testemunhar o impacto que ela tem ao inspirar outros a seguirem os mesmos caminhos de cura e transformação.

Osmildo Sirino
Esposo de Angela há 31 anos
Empresário no ramo automobilístico e de construção civil

Minha mãe me inspira como mulher, terapeuta, escritora e empresária. O conteúdo deste livro é um reflexo da jornada que ela percorreu e agora compartilha com todos nós, ensinando como equilibrar a vida com maestria.

Dra. Angélica Sirino
Filha primogênita de Angela
Médica dermatologista e conselheira do Instituto FD

Angela Sirino idealizou uma metodologia que forma terapeutas com resultados impressionantes. Este livro reflete sua profundidade e compromisso em transformar vidas, sendo uma ferramenta indispensável para profissionais e leitores em busca de cura e autoconhecimento.

Dr. Danilo Borges
Médico psiquiatra, professor universitário
e do Instituto FD

Como amigas e colegas de jornada, vejo em Angela uma mulher extraordinária, que transforma vidas com sua sensibilidade e dedicação. Caminhar ao lado dela tem sido uma inspiração constante.

Este livro é mais do que um guia; é uma bússola para aqueles que desejam ressignificar suas dores e viver de maneira plena.

Dirce Carvalho
Bispa da CN Brasil e internacional,
palestrante, escritora e amiga de longa data

Encontrei no conteúdo de Angela um complemento perfeito para minha prática profissional. Suas reflexões unem ciência e espiritualidade de forma única, trazendo cura e transformação aos meus pacientes e a mim mesmo.

Dr. Elio Arão
Médico urologista, empresário,
terapeuta de casais, palestrante e sexólogo

Minha amizade de anos com Angela e minha admiração pelo universo terapêutico me levaram ao Instituto FD, onde sua metodologia de ciência e fé revolucionou minha carreira e meu olhar sobre a vida. Este livro é uma extensão de seu trabalho brilhante.

Fernando Albuquerque
Administrator de empresas, gestor de estratégias
do Instituto FD, palestrante e escritor

Vivemos em um mundo onde as pessoas estão dispostas a pagar caro para cuidar de doenças físicas, mas muitas vezes negligenciam completamente a saúde emocional, vivendo como mortos espiritualmente, presos a uma vida vazia e sem propósito. Em seu novo livro, *Caminhos de Esperança*, Angela Sirino demonstra uma habilidade extraordinária de unir a psicanálise às verdades bíblicas para desvendar os segredos da alma, restaurar a esperança e impulsionar o chamado que Deus confiou a cada um de nós. Com sua vasta experiência, ela nos guia em uma jornada profunda de autoconhecimento e cura emocional, capacitando-nos a viver os melhores anos de nossas vidas com propósito e plenitude.

Vivian Simão
Pastora na TheLighthouse Church Dallas/TX
Diretora para a América Latina no
Christ for Nations Network e escritora

Caminhos de Esperança é mais do que um simples livro; é um verdadeiro guia para uma jornada de autotransformação. Angela Sirino, com sua visão psicanalítica sensível e sólida base nos princípios judaico-cristãos, provoca-nos a confrontar nossas feridas e as cargas emocionais que carregamos, ensinando-nos que essas experiências não definem nosso futuro, mas podem ser fontes de força e resiliência. Cada capítulo desta obra serve como um ponto de reflexão, desafiando-nos a revisar nossas escolhas e encontrar novos caminhos. A autora, com maestria, conecta ciência e espiritualidade, oferecendo-nos práticas que promovem a cura e a renovação. Inspirada pela Palavra de Deus, ela nos lembra que devemos guardar nosso coração, pois é dele que surgem nossas atitudes diante dos desafios da vida. *Caminhos de Esperança* nos convoca a superar os bloqueios emocionais, a perdoar e a avançar com coragem, para viver o propósito divino para nossa vida. Ao explorar essas páginas, você será levado a descobrir uma nova maneira de viver e, ao final da jornada, poderá se reconhecer como a pessoa que Deus sempre sonhou que você fosse.

Pastor Kedney Simão
Graduado em Teologia pelo CFNI em Dallas Texas
Mentor oficial do Christ For the Nations

DEDICATÓRIA

Ao meu esposo, Osmildo Sirino, com quem compartilho minha vida e sonhos há mais de três décadas. Sua parceria, apoio incondicional e força me impulsionam a ser sempre melhor.

Aos meus filhos, Angélica e seu esposo, Annelise e Sirino Júnior. Vocês são minha inspiração diária e parte essencial da minha história.

Ao meu público nas redes sociais, que me acompanha, apoia e motiva a seguir em frente.

E, especialmente, a você, querido leitor. Este livro é para você, que busca transformar sua vida, ressignificar suas dores e construir uma história que merece ser vivida e contada.

Com todo meu carinho,

Angela Sirino

AGRADECIMENTOS

Agradeço a Deus por me escolher desde o ventre da minha mãe e por me conceder o fôlego de vida. Ele me deu a missão de ensinar as pessoas a se amarem, ressignificarem suas vidas e escreverem histórias que realmente valham a pena ser contadas. Sou grata pela fidelidade do Senhor e por ele guiar cada passo da minha jornada.

SUMÁRIO

17 Prefácio

21 Introdução

28 Como andam suas emoções?

31 *Capítulo 1* | O que você não sabe sobre si mesmo pode mudar sua vida

42 Carta para minha criança interior

47 *Capítulo 2* | A bagagem emocional

54 Questionário autorreflexivo sobre sua bagagem emocional

65 *Capítulo 3* | As lembranças que moldam nossas memórias: entre o afeto e a dor

72 Avaliando suas feridas e bagagens emocionais

81 *Capítulo 4* | A infância é o solo que pisamos durante toda a vida

86 Explorando suas memórias

93 *Capítulo 5* | O que é um trauma e como ele molda nossa vida

99 Descobrindo suas áreas de trauma

105 *Capítulo 6* | O espelho quebrado *Como ressignificar as rachaduras da alma*

118 Autoavaliação de traumas e gatilhos emocionais

127 *Capítulo 7* | Por que os traumas precisam ser ressignificados e como fazer isso

131 O diário da ressignificação

137 *Capítulo 8* | Uma história que inspirou um filme *Caminhos de esperança*

142 *Memórias que curam*

145 Conclusão

153 Sobre a autora

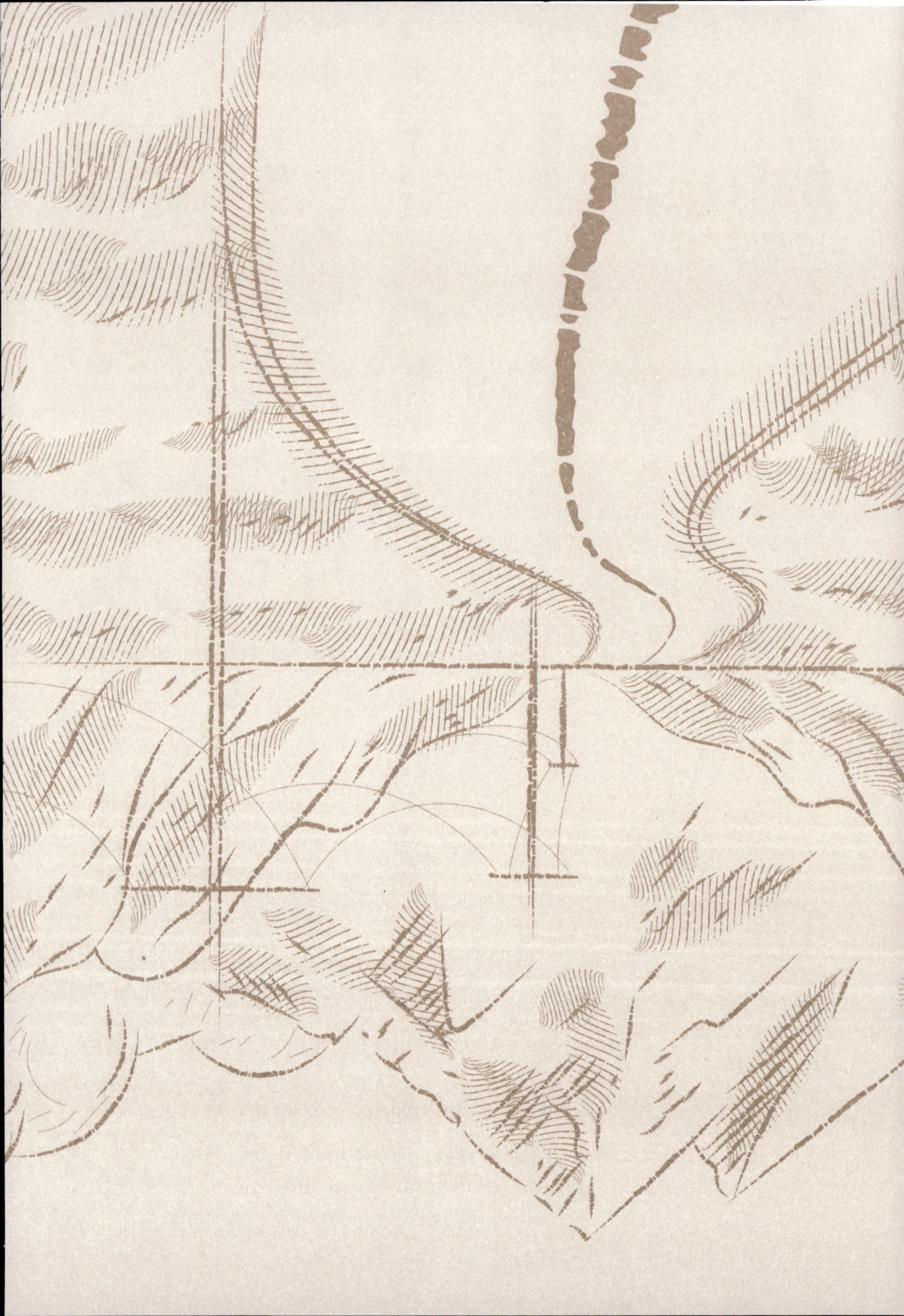

PREFÁCIO

A vida é uma jornada única e inigualável, cheia de curvas inesperadas. Temos tantas bagagens emocionais e bifurcações que nos convidam a escolher entre o medo e a coragem, a resignação e a esperança. O livro que você tem em mãos não é apenas um texto; é um mapa, um guia que o conduzirá por essa estrada complexa e fascinante que chamamos de vida. Angela Sirino, com sua sensibilidade psicanalítica e profunda ancoragem nos princípios judaico-cristãos, desafia-nos a olhar para dentro e encarar cicatrizes, traumas e bagagens que insistimos em carregar por anos.

Mais do que isso, ela nos mostra que essas experiências não precisam definir quem somos, mas podem nos transformar em versões mais fortes e resilientes de nós mesmos. Cada capítulo deste livro é uma parada estratégica nessa jornada que nos convida a refletir, ressignificar e, acima de tudo, despertar para uma nova forma de viver. Angela nos lembra de que a vida é feita de escolhas. Podemos continuar presos a padrões destrutivos ou ousar abrir nossas malas emocionais, enfrentar nossas dores e permitir que Deus nos conduza a novos horizontes de cura e transformação.

A Palavra de Deus nos orienta em Provérbios 4.23: "Acima de tudo, guarde o seu coração, pois dele depende toda a sua vida". Esse versículo ecoa em cada página deste livro, reforçando a importância de cuidarmos do nosso interior, pois é dele que fluem nossas ações, escolhas e respostas diante dos desafios da vida. Como pastor, acredito firmemente que "Deus não nos deu espírito de covardia, mas de poder, de amor e de equilíbrio" (2Timóteo 1.7). Essa verdade é a base de todo o convite que a autora faz: ter coragem de enfrentar o que nos trava, amor para nos perdoar e equilíbrio para seguir em frente.

O que torna este livro especial não é apenas sua abordagem psicanalítica ou suas reflexões espirituais profundas, mas a forma como ele une ciência e fé para trazer respostas práticas e esperança genuína. Aqui, você encontrará histórias que ressoam através de sua própria caminhada, verdades que doem, mas libertam, e um convite irrecusável para assumir o protagonismo da sua vida. Que ao ler essas páginas, você esteja disposto a mergulhar fundo, enfrentar suas rachaduras e se permitir sonhar novamente. E que, ao final dessa jornada, você possa dizer com convicção: "Tornei-me quem Deus me chamou para ser". Como costumo dizer: que sejamos curados para curar.

Mac Anderson

Pastor, conferencista e escritor

INTRODUÇÃO

*"A vida é feita de caminhos.
Alguns são retos e iluminados,
outros têm curvas sombrias.*

*O importante é saber que, mesmo nas
estradas mais perigosas, a esperança
pode ser o nosso mapa".*

Você já se sentiu como se estivesse em uma estrada que não leva a destino algum? Como se, apesar de caminhar, permanecesse no mesmo lugar? Verdade seja dita, a vida é um caminho cheio de curvas, buracos e obstáculos, mas também é repleta de possibilidades, recomeços e esperança. Talvez você esteja parado em um trecho difícil: uma crise familiar, financeira, profissional ou espiritual. Pode ser que memórias o estejam paralisando ou que dores ainda persistam como uma ferida que não cicatrizou. Independentemente da sua situação, a mensagem central deste livro é que *existe, sim, um caminho – um caminho de esperança.*

Por mais difícil que a jornada possa ser, há sempre uma luz no fim do túnel, um aprendizado em cada queda e um propósito em cada lágrima. Já parou para pensar no quanto a vida pode ser complexa? Quantas vezes você se sentiu preso em um ciclo infinito de tentativas e erros, como se estivesse correndo em uma esteira? Você pode ser uma daquelas pessoas que começa tudo com entusiasmo, mas, na metade do caminho, é vencida pelo cansaço, medo ou sensação de incapacidade. É quase como se a procrastinação tivesse assinado um contrato vitalício com você, não é mesmo?

É possível que seus medos sejam mais específicos: baratas, dirigir, falar em público, ficar sozinho, envelhecer ou até morrer. Às vezes, o medo parece ser a trilha sonora da nossa vida, tocando sempre que damos um passo em direção ao desconhecido. Medo de tentar e falhar, ou de tentar e dar certo; afinal, o que você faria se realmente conseguisse o que tanto deseja? Dá para acreditar que até o sucesso pode ser assustador?

Existem ainda os que vivem em um estado perpétuo de insatisfação. A famosa "gangue das reclamações crônicas" – pessoas que reclamam do calor, mas também do frio; do trânsito congestionado, mas também das ruas vazias. Gente que reclama do trabalho, mas também não sabe o que fazer com o tempo livre. Quem sabe você conheça alguém assim. Ou, se for honesto consigo mesmo, *é provável que você seja esse alguém*. E, claro, não podemos deixar de mencionar os "super-heróis fofoqueiros", sempre prontos para oferecer uma solução mágica para a vida alheia, embora suas próprias vidas pareçam um quebra-cabeça sem metade das peças. São especialistas em dar conselhos não solicitados, mas não conseguem olhar para dentro e enfrentar seus próprios monstros.

Este livro é um convite para você enxergar os diversos caminhos da vida com outros olhos – olhos de esperança. Seja qual for o desafio que esteja enfrentando, existe uma saída, um propósito e, principalmente, força dentro de você para seguir adiante. A esperança não anula nenhuma dificuldade, mas ilumina o caminho e nos lembra de que vale a pena continuar. De fato, existem momentos em que somos confrontados de uma forma tão avassaladora que até nossa fé, que deveria ser nosso alicerce, parece estremecer. Foi exatamente o que aconteceu comigo.

Sempre acreditei em Deus. Minha vida foi moldada por princípios bíblicos, e eu estava firme em minha caminhada espiritual – pelo menos, era o que pensava. Mas, em um momento de perda, encontrei-me diante de um abismo. Minha filha, Letícia, havia nascido no dia do meu aniversário, uma coincidência que parecia divina e especial. Porém, em poucos dias, ela partiu, e a alegria transformou-se em uma dor indescritível.

Lembro-me de perguntar a Deus: "Por que comigo? Por que a minha filha?". O silêncio que recebi como resposta parecia mais ensurdecedor do que qualquer grito. Senti-me traída, abandonada, ignorada pelo Criador a quem havia confiado minha vida. Foram meses de luta interna, nos quais, confesso, estive "emburrada com Deus". Não havia deixado de crer no Senhor, mas minha comunicação com ele fora rompida. Repetia para mim mesma: "Continuarei seguindo os princípios, mas não quero conversar com o Senhor".

Nesses meses, vivi uma crise intensa. Questionava tudo: se Deus é bom, por que permite sofrimento? Se ele é justo, por que há tanta injustiça no mundo? Se ele é amor, por que me deixou sentir tanto abandono? Ao mesmo tempo, minha mente era invadida por aquelas vozes internas – de culpa, autocrítica e acusação. Perguntava-me se havia feito algo errado, se não era boa o suficiente ou se aquilo seria algum tipo de castigo. Essas indagações se transformaram em um fardo insuportável.

Em contrapartida, mesmo quando achava estar sendo ignorada por Deus, ele nunca fez isto. Pelo contrário, ele estava presente nos detalhes – uma amiga que ligava só para dizer oi, uma palavra de consolo que vinha de um desconhecido ou até mesmo uma música que, por acaso, parecia falar diretamente comigo. Deus não gritava, mas sussurrava. Foi quando, um dia, no auge da minha dor, uma frase me levou a conversar com o Senhor novamente: "Nunca disse que você não enfrentaria dores; disse que estaria com você em cada uma". Essa verdade me atingiu como um raio. Percebi que o problema não era a ausência de Deus, mas minha incapacidade de enxergá-lo em meio à tempestade.

Aos poucos, comecei a me permitir sentir a dor, chorar na presença do Senhor e admitir minha raiva e decepção. Foi nesse processo de vulnerabilidade que minha alma começou a ser restaurada. Percebi que questionar a fé não é o fim do relacionamento com Deus; na verdade, pode ser o início de algo mais profundo. Questões genuínas abrem espaço para respostas sinceras, e o Senhor não teme nossas perguntas. Ele é grande o suficiente para suportar nossas dúvidas e humilde o suficiente para nos abraçar em nossa fragilidade.

Hoje, ao olhar para trás, entendo que aquela experiência me moldou de uma forma que nenhuma outra poderia ter feito. Ela me ensinou sobre a fragilidade da vida, a importância de valorizar cada momento e, acima de tudo, sobre a graça divina. Não mentirei dizendo que entendi todos os "porquês". Talvez nunca entenda. Mas uma coisa ficou clara, não se trata de ter todas as respostas, mas de confiar em quem segura minha mão enquanto passo por momentos de dúvida.

Essa experiência também me tornou uma pessoa mais empática. Compreendi que a dor do outro é única e que, muitas vezes, o melhor que podemos oferecer não são palavras, conselhos ou soluções prontas, mas nossa presença. Enfim, esse é apenas o testemunho de uma mãe que, ao enfrentar o luto, ressignificou sua fé e a maneira de enxergar certas questões. Minha reflexão não se restringiu à situação específica que mencionei, mas também passei a pensar sobre os desafios cotidianos que todos enfrentamos, como crises conjugais e conflitos familiares.

Imagino não ser surpresa nenhuma que relacionamentos sejam uma das maiores fontes de crises pessoais. Você já se sentiu como se estivesse em um casamento no qual um não escuta o outro? Como se fossem dois estranhos dividindo o mesmo teto? Talvez você e seu cônjuge sejam tão diferentes que encontrar um ponto de equilíbrio pareça impossível – como água e óleo, fogo e gelo. Se ao menos fossem como água e vinho, talvez até pudessem se misturar.

Quanto se trata de filhos, a dinâmica também é complexa. Eles nos ensinam muito sobre amor, paciência e, ironicamente, também sobre como perdê-la. Quem nunca enfrentou uma crise de autoridade, tentando educar um adolescente que parece ter vindo com um manual em uma língua desconhecida? Ou, talvez, o problema seja o "ninho vazio" – aquele silêncio incômodo que fica quando os filhos crescem e saem de casa, deixando um vácuo que você não sabe como preencher.

Por fim, não podemos ignorar os traumas mais profundos – abuso sexual, violência doméstica, traições – que deixam marcas invisíveis, mas dolorosas. São cicatrizes que, embora silenciosas, continuam a sangrar em momentos inesperados. Ainda por cima, acabam afetando nossa vida íntima, abalando nossa autoestima e enfraquecendo nossa capacidade de confiar novamente.

Entre tantas questões emocionais e relacionais, há outro aspecto que permeia nossas vidas: o dinheiro. Você pode ser uma daquelas pessoas que trabalha sem cessar, mas nunca parece progredir em nada. Um boleto após o outro, contas acumuladas, cartões de crédito estourados. Por outro lado, é possível que você tenha recursos financeiros, mas ainda assim não consiga se sentir seguro. O medo de perder o que conquistou é tão paralisante quanto a angústia de não ter o suficiente.

Como se não bastasse, o trabalho, tão relacionado ao dinheiro, também nos impõe suas próprias dificuldades. Quem sabe você esteja preso em um emprego que consome sua alma, sem ver uma saída. Pode ser que o problema seja exatamente a ausência de trabalho, acompanhada daquela sensação de inutilidade que vem com o desemprego. Dinheiro é só papel, mas a falta dele pesa como chumbo na alma.

E o que dizer a respeito das crises espirituais? Assim como eu, você pode ter se perguntado: "Onde estava Deus quando mais precisei?". Questionar a fé é doloroso, mas não encontrar respostas pode ser ainda mais. Muitos cristãos se tornaram ateus depois de se decepcionarem, e talvez você seja um. Ou, quem sabe, tenha sido ferido por um sistema religioso legalista, que colocou mais ênfase em regras do que na graça. Você pode ter se afastado da religião por encontrar mais julgamento do que acolhimento. Mas a boa notícia é que, mesmo nos desertos espirituais, existe água. Deus não nos abandona, mesmo quando achamos que estamos sozinhos. Às vezes, ele está apenas nos preparando para algo maior.

Caso tenha se identificado com alguma dessas circunstâncias, este livro é para você. Não se preocupe, você não está sozinho. Às vezes, situações desencadeiam gatilhos emocionais que ficam escondidos em nosso inconsciente, influenciando nossas atitudes e decisões sem que percebamos. Escrevi este livro como um manual terapêutico, um guia que conduzirá você em uma jornada de autoconhecimento e cura, com base no método que desenvolvi ao longo de mais de 20 anos de trabalho. Ele reúne o que chamo de "a ciência dos 3 Ps" – Psiquiatria, Psicologia e Psicanálise – e é fundamentado na espiritualidade judaico-cristã.

"DEUS NÃO NOS ABANDONA, MESMO QUANDO ACHAMOS QUE ESTAMOS SOZINHOS."

Sugerirei também tarefas práticas, reflexões e atividades que o ajudarão a:

- **Descobrir-se**: enxergar as áreas em sua vida que precisam de atenção e cuidado.
- **Amar-se**: aprender a olhar para si mesmo com compaixão, deixando de lado as críticas destrutivas.
- **Entender-se**: compreender a origem de suas feridas e começar o processo de cura.

Essas ferramentas ajudarão você a trilhar o caminho da sua vida com mais firmeza, coragem e determinação rumo aos seus sonhos e, quem sabe, poderão alcançar um novo patamar. Afinal, os sonhos de Deus para você são infinitamente melhores e maiores do que qualquer coisa que você possa imaginar. Portanto, respire fundo, organize a bagagem e embarque comigo nessa jornada de *redescoberta*, *aprendizado* e *fé*.

Como andam suas emoções?

Instruções:

Preencha a tabela abaixo com notas de 1 a 5 para cada item.

1: Não sinto isso.
5: Sinto isso frequentemente.

Situação/emoção	Nota (1 a 5)
Procrastinação	
Medo constante	
Ansiedade	
Raiva ou ressentimento	
Culpa persistente	
Problemas financeiros	
Dificuldades conjugais	
Solidão	
Questionamentos espirituais	
Tristeza persistente	

Gabarito analítico:

- **10 a 20 pontos:** sua vida emocional está relativamente equilibrada, mas há espaço para melhorias.
- **21 a 35 pontos:** algumas áreas precisam de atenção. É hora de refletir e buscar apoio.
- **36 a 50 pontos:** você pode estar sobrecarregado emocionalmente. Não hesite em procurar ajuda profissional.

"A BOA NOTÍCIA É QUE, MESMO NOS DESERTOS ESPIRITUAIS, EXISTE ÁGUA. DEUS NÃO NOS ABANDONA".

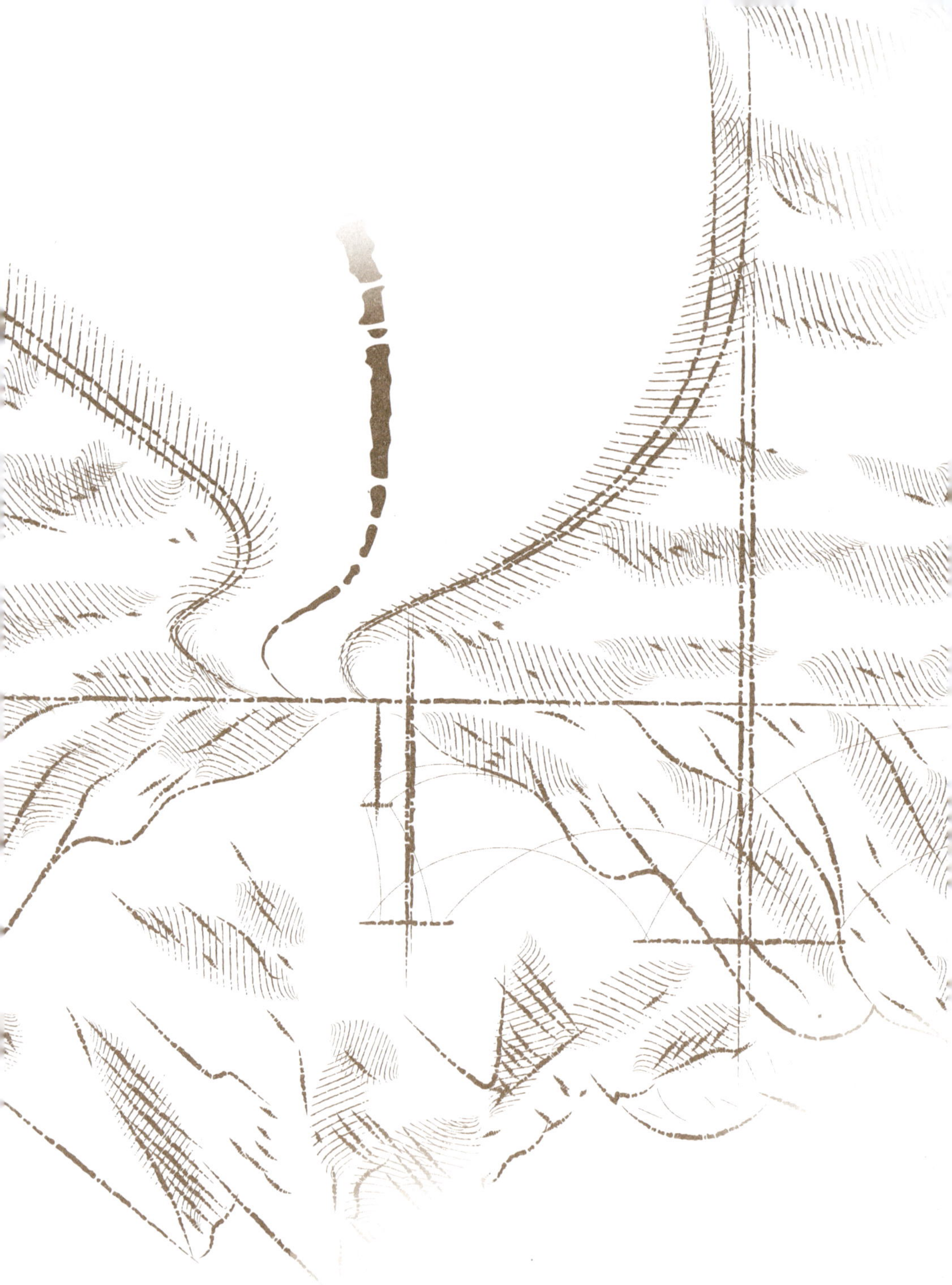

Capítulo 1

O QUE VOCÊ NÃO SABE SOBRE SI MESMO PODE MUDAR SUA VIDA

"A cada autodescoberta, encontramos novas vertentes a respeito de quem somos e do que somos capazes".

Explorar nosso interior e identificar os traumas que nos levam a agir "sem saber por que o fazemos de determinada maneira", é como desenterrar um tesouro escondido que pode transformar nossa vida. Você já se perguntou por que reage de forma exagerada em certas situações? Essa pergunta, aparentemente simples, é a porta de entrada para um universo complexo de autodescoberta. Neste capítulo, falaremos sobre como traumas e o inconsciente moldam nossa existência de maneiras que, muitas vezes, nem percebemos. Usaremos uma abordagem prática e acessível, que mesclará conceitos de psicanálise e fundamentos judaico-cristãos.

Antes de qualquer coisa, imagine a seguinte situação: você está em uma reunião de trabalho e, no meio da sua fala, alguém o interrompe. De repente, você fica furioso e reage de um modo desproporcional. Por quê? Essa reação pode ser o indicativo de um trauma emocional não resolvido, algo que está escondido em seu inconsciente e continua afetando suas ações e emoções diárias.

Agora, pense em um momento em que você teve uma discussão com seu cônjuge sobre algo trivial, como quem buscaria o filho na escola. Você perde a paciência e reage de forma exacerbada. É provável que sentimentos de desvalorização ou rejeição que você carrega desde a infância estejam por trás disso. Considere outra situação: sua filha chega tarde em casa e você reage com uma raiva intensa, muito além do que a situação justifica. Isso pode estar ligado a um medo de perder o controle ou de não ser respeitado, possivelmente enraizado em experiências passadas.

Esses exemplos ilustram bem como traumas não resolvidos podem se manifestar de forma inesperada em situações do dia a dia. O processo de compreender e trabalhar esses sentimentos tende a ser desafiador, mas é essencial para alcançar equilíbrio emocional e uma vida melhor. Por exemplo, lembro-me da irritação que sentia ao chegar em lugares onde as pessoas ofereciam café. Não entendia o motivo dessa irritação até lembrar que, quando eu era criança, minha mãe não fazia café em casa e costumava brigar comigo quando eu pedia café na casa dos outros. Um dia, ela comprou um bule, fez uma quantidade enorme de café e me obrigou a beber tudo de uma vez só. Passei mal e, desde então, meu inconsciente escondeu essa memória traumática, fazendo-me "mentir" para mim mesma, dizendo que não gostava de café.

Aos 40 anos, acabei cedendo à pressão psicológica – acompanhada de uma leve chantagem emocional – do meu marido, que é especialista em fazer cafés diferenciados. Ele me convenceu a tomar uma xícara de café gelado. Ao dar o primeiro gole, minha mente viajou no tempo. Lembrei-me da delícia que era o sabor e o cheiro do café, que, em minha infância, havia sido tratado como um fruto proibido e que, por obediência, eu havia parado de beber.

Outra história envolveu a compra de sapatos. Geralmente comprava três pares do mesmo modelo e não entendia o porquê. Até que, durante um atendimento no consultório com uma cliente que tinha uma mania semelhante, meu inconsciente abriu uma caixinha do passado. Lembrei-me de uma frase dita pela minha mãe durante a infância: "Você só pode ter pregos nos pés porque estraga todos os seus sapatos". Portanto, cresci com um medo inconsciente de estragar meus sapatos e desenvolvi o hábito de comprar vários pares do mesmo modelo.

Essas descobertas são libertadoras e, assim como em histórias cotidianas, podem nos levar a desvendar questões mais graves, como o motivo de não gostarmos de intimidade na vida a dois. Talvez você tenha ouvido que o sexo serve apenas para procriação e que a mulher não passa de um objeto. Ou, quem sabe, disseram que filhos só geram despesas, portanto, você passou a sabotar a ideia de maternidade ou paternidade.

Essas crenças limitantes, muitas vezes, são frutos de traumas dos nossos pais, combinados aos nossos próprios e a palavras que ouvimos. Elas ficam guardadas em nosso inconsciente e potencializam os demais traumas que carregamos. Como é possível concluir a partir do pensamento freudiano, traumas não resolvidos permanecem vivos no inconsciente, influenciando de maneira silenciosa nossos pensamentos, emoções e comportamentos.

A Bíblia também não deixa questões da alma passarem em branco. Passagens como "Quando o meu coração estava amargurado e no íntimo eu sentia inveja, agi como insensato e ignorante; minha atitude para contigo era a de um animal irracional. Contudo, sempre estou contigo; tomas a minha mão direita e me susténs" (Salmos 73.21-23) ou "O Senhor está perto dos que têm o coração quebrantado e salva os de espírito abatido" (Salmos 34.18) ressaltam que o reconhecimento e tratamento de traumas são tanto uma questão emocional quanto espiritual. Traumas emocionais são experiências negativas que deixam marcas profundas em nossa psique e podem moldar nossos comportamentos e a maneira como enxergamos o mundo. A boa notícia é que, ao entender e ressignificar essas questões, podemos nos libertar das influências negativas e viver de forma mais plena e equilibrada.

O poder da autodescoberta

Descobrir quem somos de verdade é essencial para crescermos como pessoas e nos sentirmos bem. Quando entendemos melhor nossos próprios sentimentos, medos e desejos, conseguimos tomar decisões que realmente fazem sentido para nós. Esse processo de olhar para dentro não só melhora nossa saúde mental, mas também nos ajuda a enfrentar os desafios da vida com mais força. Sem contar que conhecer a nós mesmos nos permite ter relacionamentos mais autênticos e significativos, pois passamos a ser mais sinceros conosco e com os outros. Afinal, é por meio da autodescoberta que encontramos o caminho para uma vida mais feliz.

Não é à toa que o aforismo "Conhece-te a ti mesmo"[1], oriundo da Grécia Antiga, continua relevante hoje em dia; o autoconhecimento é a base de toda saúde mental. Carl Jung[2] complementou essa ideia ao afirmar que "quem olha para fora sonha, quem olha para dentro desperta". Suas palavras destacam a importância de explorarmos nosso interior a fim de alcançarmos o verdadeiro entendimento a respeito de nós mesmos. E não poderia deixar de mencionar o que Melanie

---

[1] Aforismo atribuído ao oráculo de Delfos e estava originalmente inscrito no pórtico do Templo de Apolo, em Delfos. Essa máxima foi adotada por diversos filósofos, e referências a essa inscrição aparecem em obras clássicas como *Protágoras* (343b) de Platão, e na *Descrição da Grécia* (10.24.1) de Pausânias.

[2] Carl Gustav Jung foi um psiquiatra e psicoterapeuta suíço, fundador da psicologia analítica. Desenvolveu conceitos fundamentais como os arquétipos, o inconsciente coletivo e as tipologias de personalidade introvertida e extrovertida. Sua obra influenciou diversas áreas, incluindo psicologia, antropologia e estudos religiosos.

Klein[3] disse: "a autodescoberta é um processo contínuo, no qual cada camada revelada de nosso ser nos traz mais próximo da compreensão completa de nossa psique".

Curiosamente, essa busca pela compreensão de si mesmo não é uma ideia exclusiva da psicologia. A Palavra do Senhor já nos alertava sobre a importância de cuidar do nosso interior: "Acima de tudo, guarde o seu coração, pois dele depende toda a sua vida" (Provérbios 4.23). E para não fugir da minha essência que ama um toque de humor – quem me segue nas redes sociais sabe bem do que estou falando –, aqui vai uma reflexão divertida: "Se você acha que a autodescoberta é difícil, experimente viver sem se conhecer. É como dirigir um carro sem saber onde estão os freios".

Agora, para aprofundar ainda mais sua jornada de autodescoberta, convido você a refletir sobre as seguintes questões:

1. **Identifique suas reações exageradas:** quais situações em seu dia a dia fazem você reagir de forma desproporcional?

[3] Psicanalista austríaca-britânica, pioneira na psicanálise infantil e uma das fundadoras da teoria das relações objetais. Ela desenvolveu técnicas inovadoras, como a "técnica do brincar", permitindo a análise de crianças a partir de dois anos de idade. Seus conceitos de "posição esquizoparanóide" e "posição depressiva" são fundamentais para compreender o desenvolvimento emocional nas primeiras fases da vida.

2. **Descubra a origem dessas reações:** quais memórias ou sentimentos antigos podem estar ligados a elas?

3. **Reconheça suas crenças limitantes:** que crenças você desenvolveu ao longo da vida que podem estar impedindo-o de alcançar todo o seu potencial?

4. **Explore suas emoções:** como você pode começar a lidar com essas emoções de maneira mais saudável e consciente?

"É POR MEIO DA AUTODESCOBERTA QUE ENCONTRAMOS O CAMINHO PARA UMA VIDA MAIS FELIZ".

Estudos de caso e exemplos do dia a dia

Como psicanalista, minha paixão é ajudar pessoas a se conhecerem melhor e a ressignificarem suas histórias. Para tornar esse processo mais claro, ao longo deste livro, trarei exemplos reais de pacientes que já passaram pelo meu consultório. Esses relatos, conhecidos no mundo terapêutico como "estudos de caso", permitirão que você identifique situações parecidas em sua própria vida. Meu objetivo é ajudá-lo a entender como lidar com essas questões.

Tomei todo o cuidado a fim de preservar a identidade das pessoas. Os nomes são fictícios e qualquer detalhe que pudesse expor alguém foi devidamente ajustado. Tudo aqui segue a ética profissional, porque respeito é a base de tudo. Os exemplos apresentados refletem situações que podem acontecer com qualquer um de nós, e tenho certeza de que você se identificará com muitos deles. Afinal, somos todos humanos e enfrentamos desafios parecidos, cada um à sua maneira.

1º estudo de caso: o pai autoritário e o marido pacífico

Ana teve um pai extremamente autoritário e, ao se casar, procurou um marido passivo. No entanto, bastava seu esposo demonstrar qualquer sinal de estresse para que ela ficasse nervosa, pois isso lhe trazia à tona memórias do comportamento de seu pai. Ana vivia um grande conflito por conta da falta de iniciativa do marido, portanto, decidiu procurar ajuda ao perceber que não conseguiria se adequar a nenhum comportamento dele.

Seu marido não era agressivo, mas quando ele se posicionava em alguma questão, ela sentia medo de que ele se tornasse autoritário. Ana acabava podando o marido e, ao mesmo tempo, sentia-se triste por não entender por que nada dava certo. O marido, por sua vez, sentia-se frustrado e castrado emocionalmente, a ponto de mencionar a possibilidade de divórcio, já que nada satisfazia a esposa.

2º estudo de caso: a esposa que chamava o marido de pai

Luciana costumava chamar o marido de "pai", algo de que ele não gostava. Ela fazia isso porque enxergava nele o amigo, amante e protetor que seu próprio pai nunca havia sido. Contudo, o marido tinha traumas de um pai que não havia honrado sua mãe. Embora ele não repetisse o comportamento do pai, a palavra "pai" o incomodava. Essa situação gerou um conflito no relacionamento; o marido se estressava com Luciana e dizia: "Não sou seu pai". Ela, por sua vez, não conseguia se controlar e, quando percebia, já havia usado o termo novamente. Pense em um conflito aparentemente simples de resolver, mas com origens tão diferentes.

3º estudo de caso: a mãe que gritava com a filha

Laura gritava muito com sua filha quando a menina, "ainda tão pequenina", não reconhecia o valor da mãe amorosa e cuidadosa que tinha. No entanto, a criança não sabia como validar esse sentimento. Laura se sentia injustiçada quando a filha preferia brincar com a babá; ela interpretava isso como um sinal de que não era uma boa mãe. O medo de que sua filha crescesse e não gostasse dela acionava o gatilho do péssimo relacionamento que Laura tinha com sua própria mãe.

4º estudo de caso: a mulher que traía o marido

Patrícia traía o marido e não conseguia entender o motivo. Durante nossas sessões no consultório, ela lembrou que, na infância, viu seu pai traindo sua mãe repetidas vezes. Na época, revoltada, ela dizia para sua mãe: "Separe-se dele, não aceite isso. Ou se vingue". A mãe nunca fez nada e morreu quando ainda estava casada com o pai. Sem perceber, Patrícia carregou essa mágoa para sua vida adulta e, de maneira enganosa, passou a fazer a mesma coisa como uma forma de se vingar do pai em nome da mãe.

Na verdade, ela estava destruindo sua própria reputação, seu amor-próprio, sua ética e o amor do seu marido, que era um excelente companheiro e ótimo pai. Após o divórcio, Patrícia sofreu amargamente por não perceber que o erro vinha de um trauma não resolvido com o pai. Ela tentou recomeçar em outro relacionamento, mas a história se repetiu. Dessa vez, ela atraiu para si mesma o que mais temia: um homem sem respeito, exatamente como seu pai.

Exemplos como esses deixam claro que somos moldados por nossas experiências, mas também que temos o poder de ressignificar nossas histórias. Ao compreender e enfrentar essas feridas, curamos a nós mesmos e também evitamos perpetuar ciclos de dor em nossos relacionamentos. A transformação pessoal é um processo necessário para quebrar padrões nocivos e criar conexões mais saudáveis com quem amamos. É como diz a frase: "Gente machucada acaba machucando os outros, muitas vezes sem nem perceber. Já quem é curado consegue sentir a dor do outro, tem mais empatia e se torna alguém que ajuda a curar".

A jornada de autodescoberta é contínua e desafiadora, mas cada passo dado nos aproxima de uma vida mais plena e autêntica. Lembre-se de que enfrentar e ressignificar traumas não é apenas um ato de cura pessoal, mas também uma preparação para ajudar e inspirar outros a fazerem o mesmo. Seja paciente e gentil consigo mesmo nesse processo e celebre cada pequena vitória ao longo do caminho.

"NÓS TEMOS O PODER DE RESSIGNIFICAR NOSSAS HISTÓRIAS"

Atividade terapêutica

Carta para minha criança interior

Para ajudar você a se aprofundar nesse processo de autodescoberta, proponho que escreva uma carta para sua criança interior. Encontre um lugar tranquilo, onde possa fazer essa atividade sem interrupções. Coloque uma música de fundo que acalme você e o(a) ajude a se conectar com suas emoções. Pode ser uma música que você gostava quando era criança ou uma melodia que traga paz. Então, comece a escrever. Imagine que está conversando com sua "versão criança". Fale sobre seus medos, dores e alegrias, ou sobre os traumas que você reconheceu e como impactaram sua vida. Demonstre compreensão, carinho e amor por essa parte de você.

Querida(o) [seu nome],

Sei que você passou por momentos difíceis e que, muitas vezes, não entendeu o que estava acontecendo. Quero que saiba que todas essas experiências – tanto as boas quanto as ruins – moldaram quem sou hoje. (Lembre-se de que essa conversa é entre você e si mesmo. Complexo, não? Escreva sobre momentos difíceis, dúvidas e sofrimentos que marcaram você. Quais foram essas experiências? Como moldaram você? Ainda doem? Coloque tudo pra fora).

Ainda me lembro das vezes em que você se sentiu assustado(a) e sozinho(a), das lágrimas que segurou e dos medos que guardou em segredo. Saiba que não há problema algum em sentir tudo isso. Você era apenas uma criança, fazendo o melhor que podia. Reconheço como você tentou encontrar alegria e amor, mesmo quando as coisas pareciam sombrias. Você é incrível por ter suportado tanto e continuado a lutar. (Agora, permita-se sentir. Expresse tudo o que está aí dentro. Descubra a si mesmo(a), chore, sorria e emocione-se. Escreva sua história).

Agora que sou adulto(a), saiba que estou aqui para cuidar de você, minha criança interior. Quero que sinta o amor e respeito que tenho por você. Prometo ser paciente e gentil. Celebraremos cada pequena vitória juntos(as). Não precisa ter medo, estou aqui para protegê-la(o). (É com você agora. Acolha sua criança interior com todo o amor que ela merece e direcione-a para se tornar sua melhor versão adulta).

Obrigado(a) por ser forte e nunca desistir. Juntos(as), vamos curar nossas feridas e construir uma vida cheia de alegria e amor.

Com amor,
[seu nome].

Leia a carta após escrevê-la, de preferência em voz alta. Essa prática pode ser transformadora e o(a) ajudará a processar suas emoções.

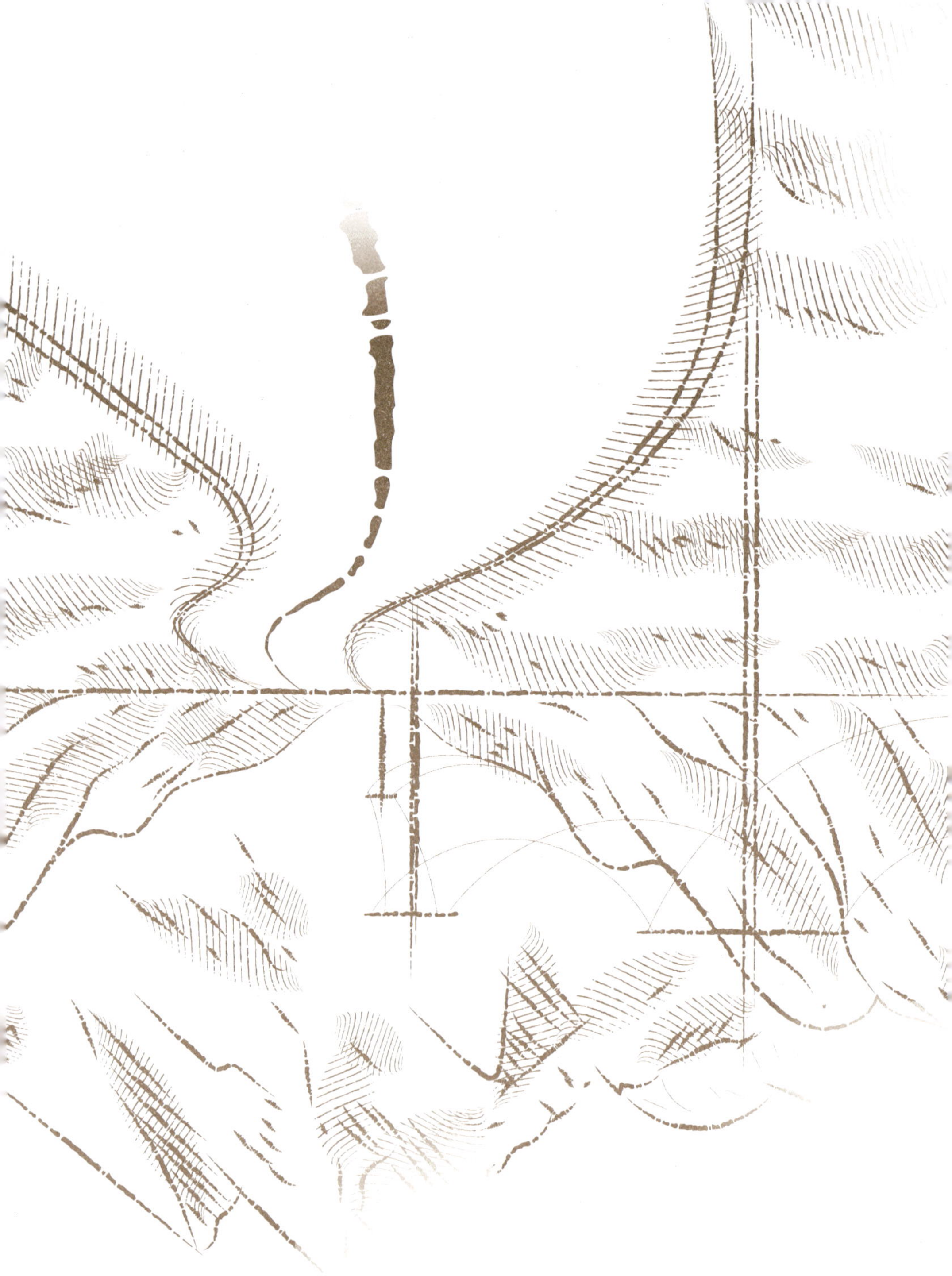

Capítulo 2

A BAGAGEM EMOCIONAL

"É preciso trazer à luz da consciência os conteúdos reprimidos do inconsciente, para que possamos nos libertar do passado que nos aprisiona".
Conceito psicanalítico

Imagine que você está prestes a embarcar para as férias dos seus sonhos. O destino? Uma praia paradisíaca. Você mal pode esperar para colocar os pés na areia, relaxar, sentir a brisa do mar e, finalmente, escapar da rotina do dia a dia. Contudo, em vez de uma mala cheia de roupas de verão, trajes de banho e protetor solar, você descobre que sua bagagem está lotada de "roupas velhas" que nem servem mais. Algumas estão desgastadas pelo tempo, outras, rasgadas, mas mesmo assim, você não consegue se desapegar dessas peças. É como se carregassem um pedaço de quem você foi, mas não mais de quem é ou quer ser.

Antes de mais nada, é importante entender o que essas "roupas velhas" simbolizam. Elas são uma metáfora para traumas emocionais que, em termos simples, são experiências capazes de deixar uma marca em nossa mente e coração. Pense, por exemplo, em uma criança que sofre uma queda feia enquanto aprende a pedalar. O tombo, somado à dor e ao susto, geram nela um receio tão grande que ela decide nunca mais subir em uma bicicleta. Anos depois, essa pessoa sente um medo irracional de qualquer atividade que envolva algum risco de queda. Ela evita motos, sente insegurança ao dirigir e até tem um medo inconsciente de novas experiências, assim como foi, um dia, andar de bicicleta. Esse é um trauma isolado, mas que deixa uma marca duradoura.

Agora imagine alguém que cresceu em um lar marcado por brigas entre os pais ou por críticas incessantes. Esse tipo de ambiente pode deixar cicatrizes emocionais profundas. Para a pessoa, essas circunstâncias diárias podem gerar sentimentos de inadequação e uma ansiedade crônica, mesmo após ela sair desse ambiente. É possível que toda a situação afete a maneira como ela enxerga relacionamentos e a própria autoestima. Construir uma família pode passar a ser algo indesejado – afinal de contas, "pais brigam, casais brigam" – ou ela pode desejar casar rápido demais com qualquer um que apareça, para escapar do convívio com os pais.

Exemplos assim ajudam a ilustrar como traumas emocionais podem ser tão variados quanto suas causas. Cada experiência deixa uma "roupa velha" em sua mala emocional, e ao abri-la, você se depara com "peças malcheirosas". Aquela camiseta rasgada que o faz lembrar de um tombo de bicicleta, ou uma camisa que pertenceu ao seu pai já falecido, o que traz à tona uma saudade imensa e a dor da ausência. E assim, lá se vai a alegria das suas férias. O que havia sido programado para ser um momento de diversão, torna-se um tempo de lembranças dolorosas e sofrimento emocional.

Essas questões me fazem pensar em Filipenses 3.13-14: "[...] esquecendo-me das coisas que ficaram para trás e avançando para as que estão adiante, prossigo para o alvo, a fim de ganhar o prêmio do chamado celestial de Deus em Cristo Jesus". Ou seja, deixe as amarras do passado para trás. Em um paralelo interessante, posso citar o que Freud[1] disse, "é preciso trazer à luz da consciência os conteúdos reprimidos do inconsciente, para que possamos nos libertar do passado que nos aprisiona"[2]. Mas como fazemos isso na prática?

O primeiro passo é a consciência. Precisamos parar e refletir sobre as emoções e comportamentos que estão nos atrapalhando. Quais são os medos que nos paralisam e as inseguranças que nos fazem duvidar de nós mesmos? Quais mágoas ainda carregamos? Identificar esses sentimentos é essencial. Para isso, a autorreflexão e a meditação podem ser ferramentas poderosas.

Por exemplo, se seu trauma é o medo de andar de bicicleta por conta de um tombo que você levou, talvez seja hora de enfrentar esse medo. Comece devagar, apenas sente-se na bicicleta para se acostumar novamente. Depois, tente pequenos passeios em locais seguros. Cada passo, por menor que seja, é uma vitória. Enfrentar medos pode ser assustador, mas é necessário para superá-los. Na vida, o medo de andar de bicicleta, à medida que crescemos, pode ser transferido para o medo de andar a cavalo, pilotar uma moto e, de forma inconsciente, acaba sendo deslocado para várias questões aparentemente inexplicáveis.

Se suas inseguranças têm origem em um ambiente abusivo, o processo de superação passa por uma reconstrução da sua autoestima. Talvez seja necessário afirmar suas qualidades e conquistas todos os dias ou se cercar de indivíduos que o apoiem e validem quem você é. Um exemplo disso é a história de João, um dos meus pacientes.

---

[1] Sigmund Freud foi um neurologista austríaco e o fundador da psicanálise, uma abordagem revolucionária para o tratamento de distúrbios mentais e a compreensão da mente humana. Sua obra abrange temas como a interpretação dos sonhos, a sexualidade infantil e a estrutura da psique, influenciando profundamente a psicologia, a medicina e diversas áreas das ciências humanas.

[2] Frase comumente atribuída a Sigmund Freud. Apesar de sintetizar conceitos centrais da psicanálise freudiana – em especial, a importância de tornar conscientes os conteúdos reprimidos – trata-se de uma paráfrase que não aparece textualmente em Freud.

"PRECISAMOS PARAR
E REFLETIR SOBRE
AS EMOÇÕES E
COMPORTAMENTOS QUE
ESTÃO NOS ATRAPALHANDO".

Ele cresceu em um lar onde sofria críticas o tempo todo; como consequência, sempre se sentiu inadequado e incapaz.

Durante as sessões, João aprendeu a se valorizar conforme desconstruía crenças negativas que havia internalizado. Algo que ele começou a fazer diariamente foi escrever três coisas boas sobre si mesmo. Ao mesmo tempo, ele buscou estar com amigos que o respeitavam. Com o tempo, sua autoestima foi se fortalecendo, ele passou a acreditar mais em seu próprio potencial e, assim, sua vida decolou em todas as áreas.

Lidar com marcas do passado não é fácil, mas existem formas que podem fazer toda a diferença. Gostaria de citar três pontos importantes que ajudarão você com a sua bagagem emocional. Primeiramente, *a importância de procurar ajuda profissional*. Em muitos casos, traumas exigem suporte profissional. Terapeutas e conselheiros capacitados na área da saúde mental são treinados para auxiliar você a entender melhor suas emoções. Podemos fornecer ferramentas e técnicas para lidar com essas questões de maneira saudável, e não há vergonha nenhuma em buscar ajuda. Na verdade, é um sinal de força e desejo de melhorar.

Em segundo lugar, incorporar *exercícios de autocuidado* na rotina diária. O autocuidado pode assumir várias formas, a começar pela meditação, que ajuda a acalmar a mente e reduzir os níveis de estresse. Aliado a isso, o hábito de fazer devocionais ajuda no processo para melhorar nosso emocional e fortalecer nossa espiritualidade. Não poderia deixar de mencionar também a importância da prática de exercícios físicos, uma alimentação saudável e um bom sono. Esses hábitos fortalecem a mente, o corpo e desenvolvem a espiritualidade, o que nos ajuda a lidar melhor com as emoções negativas.

Por último, mas não menos importante, *é preciso fechar a mala*. Roupas velhas e emoções acumuladas têm algo em comum: ambas pesam e precisam ser descartadas para abrir espaço para o que é novo. Portanto, na próxima vez que você se preparar para uma viagem – seja ela literal ou metafórica – pare e olhe para dentro da sua bagagem emocional.

Imagine que ela seja como uma mala que você tem arrumado ao longo da vida. Nela, podem estar memórias dolorosas, mágoas não resolvidas, palavras que feriram e até situações que você preferiu ignorar em vez de enfrentar. E, assim como roupas velhas e malcheirosas que ocupam espaço na sua mala, essas emoções precisam ser tiradas de dentro de você. Pode não ser a tarefa mais fácil ou prazerosa, mas é necessária para que suas próximas jornadas sejam mais leves e libertadoras.

O que há em sua mala?

Pense na sua bagagem emocional como uma coleção de memórias e sentimentos que você carrega desde a infância. Nem tudo nela é ruim; algumas lembranças são como peças confortáveis que você adora usar, mas outras, como mencionei, assemelham-se a roupas velhas e rasgadas que já não servem mais. Dentro da mala, podem estar escondidas mágoas que você ainda carrega, como ressentimentos em relação a alguém que o decepcionou ou traiu – quem sabe, uma amizade perdida de forma abrupta que deixou um vazio difícil de preencher. Há também a culpa, que surge em situações nas quais você se sente responsável por algo que provavelmente estivesse fora do seu controle, como um erro no trabalho que continua pesando em seus pensamentos anos depois.

Da mesma forma, a vergonha e o medo são questões que podem ocupar um espaço considerável – momentos marcados por humilhações e uma sensação de inadequação, como uma lembrança da infância em que você foi comparado a outra pessoa de maneira negativa, ou receios que limitam seu crescimento, como a dificuldade de confiar novamente após uma traição. Por último, existe o luto – perdas que você ainda não conseguiu superar e que deixam um vazio e a saudade de alguém querido que partiu. São tantas coisas que carregamos, muitas vezes sem perceber. Mas como fechar a mala?

Bem, antes de fechá-la, você precisa organizar o que está dentro dela. Não adianta só empurrar tudo para o fundo e fingir que não está lá. Primeiro, tire tudo e revise suas memórias e emoções com honestidade. Pergunte a si mesmo o que ainda está pesando em você. Em seguida, separe o que serve do que não serve mais. Entenda quais lembranças ainda tem utilidade e quais só o machucam. Se perceber algo que só traz dor, livre-se disso.

Assim como jogamos fora roupas que não usamos mais, também precisamos nos livrar do que nos limita. Por exemplo, perdoar quem o magoou – não porque a pessoa merece, mas porque você precisa disto para seguir em frente. Organize, então, as peças que ficarem – as boas lembranças, aprendizados e emoções que merecem espaço em sua bagagem. Esses são os itens que devem acompanhá-lo pelo resto da vida. Após fazer tudo isso, feche a mala e não se esqueça de dizer para si mesmo: "Estou deixando o peso para trás e me abrindo para o novo. Mereço uma jornada leve e feliz".

Talvez você esteja carregando a mágoa de uma briga com um amigo – pode ser a hora de fazer as pazes, nem que seja dentro de você. Ou quem sabe esteja evitando novas oportunidades por vergonha de falhas passadas. Lembre-se de que a vergonha é um peso que você não precisa suportar. Não permita que essas ou outras questões paralisem seus passos.

Pense no seguinte: "A mala da vida sempre terá algo dentro, mas quem decide o peso que carregará é você. Descarte o que não serve, organize o que importa e leve apenas o essencial para suas próximas viagens". Portanto, que tal fazer uma pausa agora e olhar para sua bagagem emocional? Tire as roupas velhas e abra espaço para uma vida cheia de novas experiências.

Atividade terapêutica

Questionário autorreflexivo sobre sua bagagem emocional

Prática de reflexão regular

Faça da reflexão sobre sua bagagem emocional uma prática regular, seja uma vez por semana ou sempre que se sentir sobrecarregado(a). Reservar um momento para escrever o que você sente e pensa em um diário, por exemplo, pode ajudar a clarificar o que está pesando sobre você.

Celebre suas vitórias

À medida que você lida com sua bagagem emocional, celebre as vitórias, por menores que sejam. Cada peça de roupa velha que você decide descartar ou transformar é um passo em direção a uma vida mais leve e feliz. Reconheça seu progresso e se permita sentir orgulho das suas conquistas. Lidar com traumas emocionais é um processo contínuo. Mas, ao reconhecer, enfrentar e trabalhar essas emoções, você estará no caminho para uma vida mais plena e satisfatória. Lembre-se, você não está sozinho. Sempre há ajuda disponível para quem busca.

Introdução ao questionário

Este questionário foi criado para ajudar você a refletir sobre suas emoções e identificar áreas nas quais pode melhorar. A pontuação obtida nas perguntas não é uma questão de certo ou errado, mas sim uma maneira de medir o quanto você está conseguindo refletir e lidar com suas emoções. O objetivo é promover a autocompreensão e fornecer insights sobre o seu progresso.

Questionário autorreflexivo

1. Identificação de emoções

- Liste três sentimentos ou pensamentos que você teve na última semana, que o sobrecarregaram.

Cada sentimento ou pensamento mencionado vale 5 pontos

TOTAL:

2. Fonte das emoções

- Para cada sentimento ou pensamento mencionado, escreva o que você acredita ser a fonte ou a causa.

Cada causa identificada vale 5 pontos

TOTAL:

3. Reação às emoções

- Descreva como você reagiu a cada um desses sentimentos ou pensamentos. Você lidou com eles de maneira positiva ou negativa?

Cada descrição vale 5 pontos

TOTAL:

4. Celebração das vitórias

- Faça uma lista de três pequenas vitórias que você conquistou na última semana em relação à sua bagagem emocional.

Cada vitória mencionada vale 5 pontos

TOTAL:

5. Reconhecimento do progresso

- Escreva sobre uma peça de "roupa velha" emocional que você decidiu descartar ou transformar recentemente. Como se sentiu ao fazer isso?

Descrição completa e reflexiva: 10 pontos
TOTAL:

6. Busca por ajuda

- Você procurou ou considerou procurar ajuda profissional para lidar com suas emoções? Se sim, como isso ajudou ou pode ajudar?

Resposta completa e honesta: 10 pontos
TOTAL:

Avaliação

Para tornar a avaliação mais fácil de entender, imagine que você está coletando pontos ao longo do questionário. Cada pergunta tem uma quantidade específica de pontos que você pode ganhar. Não existe certo ou errado, mas a pontuação ajuda a medir o quanto você está conseguindo lidar com suas emoções.

- **80-100 pontos**: Você está no caminho certo para lidar com sua bagagem emocional de maneira saudável e proativa. Continue assim.
- **60-79 pontos**: Você está fazendo um bom trabalho, mas ainda existem áreas que precisam de melhorias. Continue a refletir e celebrar suas vitórias, e considere procurar ajuda profissional, se necessário.
- **40-59 pontos**: Você está progredindo, mas existem áreas que precisam de mais atenção. Tente ser mais consistente na reflexão e celebração de suas vitórias. Não hesite em buscar apoio.
- **0-39 pontos**: Todos temos que começar de algum lugar. Você está no início do processo e tem muito espaço para crescimento. Foque em fazer da reflexão uma prática regular e busque apoio.

Sugestão de atividade em dupla

Que tal fazer essa atividade com seu cônjuge, filhos ou algum(a) amigo(a)? Pode ser uma experiência transformadora. Lembre-se de evitar críticas ou cobranças; é a empatia e o amor que curam as pessoas. O objetivo é aprofundar a compreensão mútua e oferecer suporte no processo de lidar com a bagagem emocional.

1. Partilha de reflexões

- Cada pessoa deve compartilhar as respostas do questionário.
- Sejam honestos e abertos sobre suas experiências e sentimentos.

2. **Discussão sobre vitórias**
   - Comemorem juntos as pequenas vitórias de cada um. Reconhecer e celebrar as conquistas do outro é tão importante quanto reconhecer suas próprias.

3. **Plano de ação**
   - Juntos, elaborem um plano de ação para a próxima semana. Identifiquem uma ou duas áreas em que cada um pode trabalhar e ajudem um ao outro no processo.
   - Comprometam-se a fazer *check-ins* periódicos para discutir o progresso e oferecer suporte um ao outro.

4. **Reflexão final**
   - Ao término da atividade, cada pessoa deve escrever uma breve reflexão sobre o que aprendeu e como a parceria a ajudou a lidar com suas emoções. Quem sabe vocês também se apaixonem pela área da Psicanálise clínica e venham estudar conosco no Instituto FD (@fdinstituto). Somos milhares de terapeutas espalhados pelo mundo todo, ajudando pessoas assim como fomos ajudados. Mesmo que você não siga na carreira terapêutica, o autoconhecimento é libertador e nos ajuda como ser humano. Sem perceber, influenciamos outros e fazemos a diferença na vida de quem nos rodeia ou passa pela nossa vida.

Essa atividade não só incentiva a reflexão individual, mas também gera um ambiente de apoio mútuo, que é fundamental para lidarmos com traumas emocionais e aprimorarmos nossa comunicação.

Conclusão

Para refletirmos sobre o capítulo 2, sugiro que escolha uma música instrumental, sente-se de maneira confortável, respire bem fundo, desligue-se das coisas que estão acontecendo à sua volta e viva esse momento. Imagine-se abrindo uma mala de viagem – não uma mala qualquer, mas sua mala emocional. Dentro dela, você encontrará roupas velhas e malcheirosas (memórias dolorosas, críticas e medos irracionais). Cada peça significa algo em sua vida. Pergunte a si mesmo: por que ainda guardo isso? Então, decida o que fazer – algumas peças podem ser descartadas, outras talvez precisem ser lavadas antes de serem guardadas novamente.

Lembre-se, na próxima vez que se preparar para uma viagem, olhe para dentro da sua mala emocional. Desempacotar e lidar com as "roupas velhas" pode não ser divertido, mas é necessário para garantir viagens mais agradáveis. Traumas podem insistir em fazer parte da nossa existência, mas, quando lidamos com eles, damos passos em direção a uma vida melhor.

Nunca se esqueça, você não está sozinho(a). Sempre há ajuda disponível para quem busca. Agora, vamos para mais uma prática. Você escreverá uma *Carta de autorreflexão e comprometimento*. Será um momento especial para você se conectar consigo mesmo. O objetivo dessa prática é ajudá-lo a ter resultados melhores. Portanto, escreva suas respostas nas linhas a seguir:

O que você percebeu ao refletir sobre o capítulo 2 e realizar as atividades propostas?

Meu compromisso de autorresponsabilidade:

Eu, [seu nome], comprometo-me a reconhecer e lidar com minha bagagem emocional. Prometo cuidar de mim mesmo(a), enfrentar meus medos e traumas, e buscar ajuda quando necessário. Entendo que esse processo é essencial para viver uma vida plena, e isso depende de mim mesmo.

Com amor,
Eu, [escreva seu nome].

"Não sou o que aconteceu comigo, sou o que escolho me tornar".
Carl Jung

Essa reflexão e compromisso ajudarão você a reforçar a autorresponsabilidade e o desejo de transformação pessoal, o que permitirá que você progrida em sua jornada de autoconhecimento e cura emocional.

"A MALA DA VIDA SEMPRE TERÁ ALGO DENTRO, MAS QUEM DECIDE O PESO QUE CARREGARÁ É VOCÊ".

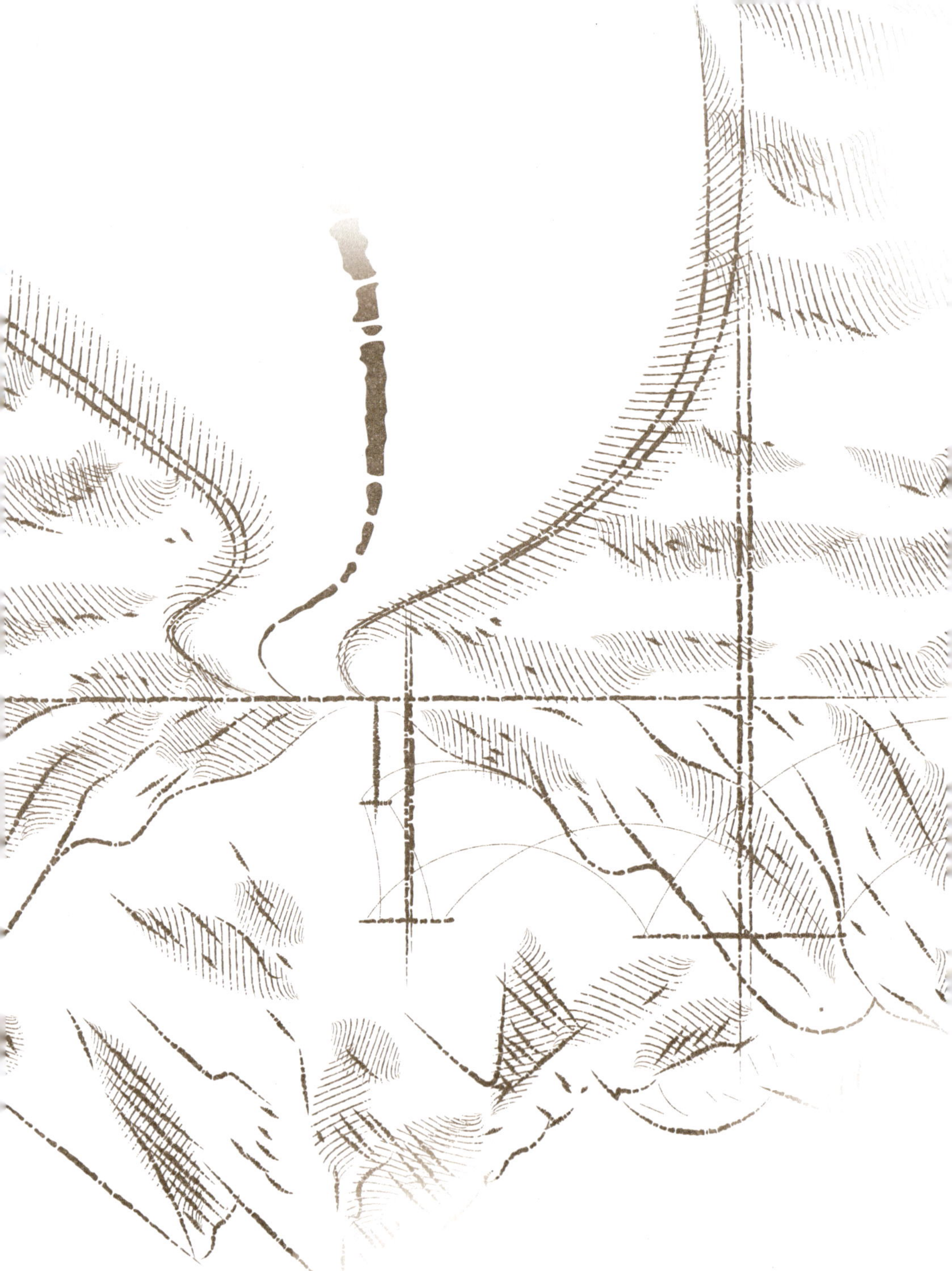

Capítulo 3

AS LEMBRANÇAS QUE MOLDAM NOSSAS MEMÓRIAS: ENTRE O AFETO E A DOR

"Todos nós carregamos feridas. A diferença está entre quem aprende a curá-las e quem as deixa definir o rumo da sua vida".

Desde quando nascemos, começamos a trilhar a estrada da vida e, em algum momento, todos nós fomos feridos. Certas situações podem deixar marcas mais leves, enquanto outras, cicatrizes profundas. Não importa se crescemos em um lar amoroso ou desestruturado, se tivemos uma infância com fartura ou escassez – as feridas fazem parte da nossa história. Muitas vezes, essas dores costumam permanecer escondidas em nosso inconsciente. Consequentemente, moldam nossos comportamentos e escolhas, além de afetar nossos relacionamentos. Por isso, encará-las não é uma opção, mas uma necessidade para quem deseja viver de forma plena.

Lembro-me, por exemplo, do caso de um empresário bem-sucedido, Júlio, proprietário de uma casa noturna em uma capital relativamente pequena. Ele era casado com uma mulher deslumbrante, cerca de 20 centímetros mais alta que ele, que parecia ter saído de um filme de Hollywood. Mas a beleza não era sua única qualidade; ela também era inteligente, uma mãe exemplar, uma esposa dedicada e, apesar de todas as humilhações, continuava ao lado do marido.

Júlio, por outro lado, não era fiel. Ele traía a esposa quase que diariamente – com clientes, funcionárias e até desconhecidas que frequentavam sua boate. A cidade inteira conhecia sua reputação e, para piorar ainda mais a situação, ele era viciado em pornografia e vivia exibindo suas conquistas femininas como troféus, na tentativa de convencer os outros – e talvez a si mesmo – de que era o cara, alguém irresistível, que podia ter todas as mulheres que desejasse.

Em uma das consultas, decidi ser direta, e perguntei: "Júlio, por que você faz isso? Sua esposa é linda, ama você, trabalha em uma das suas empresas, é uma parceira dedicada, consegue administrar o lar e ainda é uma excelente mãe. Ela está ferida, e não sabemos até quando aguentará. Você mesmo reconhece que o problema está em você. Nas consultas, percebo uma necessidade de autoafirmação, de ser 'o cara

"ENCARAR NOSSAS DORES NÃO É UMA OPÇÃO, MAS UMA NECESSIDADE".

que consegue seduzir mulheres', aquele tipo de pensamento: 'Caiu na minha rede, é peixe, sei fisgar'. Mas também vejo que você sofre, porque não quer perder sua família. Portanto, o que você está tentando provar para as pessoas ao exibir mulheres como se fossem seus troféus?".

Ele respondeu, com um sorriso meio sem graça: "Doutora, não sei. Não consigo entender, mas também não consigo parar. Meu pai já me chamou a atenção várias vezes, até me chamou de vagabundo e disse que nunca me deu um péssimo exemplo. E o pior, acho que já traí minha esposa mais de 300 vezes. Nem sempre chego aos 'finalmentes'. Às vezes, pago uma mulher só para sair comigo e me beijar ou passar a mão em mim na frente das pessoas. Nem converso com elas, não quero saber o nome e mal olho nos olhos. É vergonhoso falar isso. Parece um vício". Naquele momento, ficou claro que o problema de Júlio não era apenas uma questão de impulso ou desejo. Sua compulsão por validação vinha de uma ferida emocional antiga.

Conversei mais com Júlio, tentando entender a origem daquele comportamento. Olhei em seus olhos e perguntei: "Você já sofreu alguma decepção amorosa que deixou marcas?". Ele hesitou, mas, após um momento de silêncio que parecia eterno, começou a falar com a voz embargada: "Doutora, eu era um adolescente feio e inseguro. Meu pai era rico, mas ninguém queria ficar comigo. Um dia, consegui namorar a Miss da cidade. Ela era linda, e eu me sentia o homem mais poderoso do mundo".

Ele contou que havia ficado noivo daquela jovem. Chegou a organizar uma festa para celebrar o compromisso, mas, uma semana depois, ela terminou tudo e o trocou por outro rapaz. Naquele momento, Júlio começou a construir um padrão: conquistar mulheres bonitas para mostrar ao mundo e à ex que o abandonou que ele tinha valor. Cada traição e nova conquista não era sobre desejo ou amor, mas uma vingança contra uma memória que ele nunca conseguiu superar.

O caso de Júlio é um exemplo clássico de como feridas emocionais podem moldar nossos comportamentos. A dor do abandono que ele havia sofrido na adolescência o levou a acreditar que precisava provar algo a todos. No entanto, enquanto ele tentava ganhar essa batalha invisível, perdia coisas muito mais valiosas. Ele sacrificava a dignidade, pois embora fosse visto como um homem rico, sua reputação era marcada pela desonra. Ele também perdia a paz; afinal, vivia inquieto e preso ao ciclo de conquistas e traições. Além disso, sua família sofria as consequências. Sua esposa, apesar de ainda estar ao lado dele, estava exausta e à beira de um colapso emocional. Seus pais, por sua vez, envergonhados e desiludidos, viam o filho como uma decepção. Uma triste realidade que, infelizmente, é vivida por inúmeras pessoas que carregam feridas antigas e tentam compensá-las de maneiras que, em vez de curar, acabam causando ainda mais dor.

Talvez você não tenha uma história como a de Júlio. Contudo, feridas emocionais tendem a se manifestar de diferentes formas na vida de cada pessoa. A rejeição ou as palavras cruéis de familiares na infância ou adolescência, por exemplo, podem ser devastadoras. Uma criança ou um adolescente que ouvem o tempo todo frases como "Você não faz nada certo!", "Você é burro e inútil!", internalizam esta mensagem de desvalorização. Aos poucos, começam a acreditar que não são capazes e desenvolvem uma insegurança que os acompanha na vida adulta. Essa ferida é ainda agravada quando sofrem bullying na escola. Ridicularizados por sua aparência, sentem-se ainda mais inadequados e crescem evitando se expor por medo de serem julgados ou humilhados novamente.

Essas experiências parecem pequenas, mas deixam marcas profundas. Cada pessoa as processa de um jeito diferente, a depender de seus valores, personalidade e crenças limitantes. É por isso que o autoconhecimento é importante. Ele nos ajuda a enfrentar traumas, aceitar o que aconteceu e acolher nossas emoções. Esse processo de introspecção permite que façamos uma limpeza emocional e ressignifiquemos nossas dores, para que consigamos caminhar em direção ao sucesso. Afinal de contas, a vida não é um ensaio. O passado não volta e o futuro está intacto para que possamos construí-lo. E o futuro começa *hoje* e *agora*.

Tudo o que vivemos não desaparece com o passar do tempo, mas se transforma em memórias que guardamos por toda a vida. Fragmentos da nossa história que funcionam como fotografias emocionais arquivadas em nossa mente, sempre prontas para nos lembrar de onde viemos e o que vivemos. Algumas lembranças são como tesouros que aquecem o coração e nos trazem alegria; outras, no entanto, puxam-nos para trás e trazem dor ou insegurança. Sejam boas ou ruins, memórias moldam quem somos e influenciam a forma como vivemos. Dependendo de como escolhemos olhar para cada uma, podem se tornar aliadas que nos impulsionam ou barreiras que nos prendem.

Portanto, gostaria de falar sobre três tipos de memórias que temos: *culturais*, *afetivas* e *traumáticas*. As *culturais* são aquelas que herdamos do ambiente à nossa volta – crenças, valores e tradições que absorvemos sem perceber. São como heranças invisíveis, que não definem quem somos, mas moldam nosso modo de pensar e agir, pois estão ligadas aos costumes e práticas do contexto em que crescemos.

Desde cedo, somos expostos a hábitos e comportamentos que absorvemos quase que automaticamente. Pense, por exemplo, nos hábitos familiares: onde sua mãe guardava a chave da porta? Talvez fosse sempre no mesmo lugar, uma prática que você acabou replicando em sua casa. Existem também as crenças e superstições populares: lembra-se da vassoura atrás da porta para "mandar visitas embora"? Ou do clássico "não passe embaixo da escada porque dá azar"? Tradições culturais também nos marcam de alguma forma. As músicas infantis de uma geração são um bom exemplo, como "Atirei o pau no gato". Hoje, muitas dessas canções são questionadas, mas elas marcaram a infância de muita gente. Essas memórias culturais podem parecer insignificantes, mas formam a base do que entendemos como "normal" no dia a dia.

Memórias *afetivas*, por sua vez, estão ligadas a nossas emoções e podem ser tanto positivas quanto negativas. Essas lembranças se formam a partir de momentos de carinho e amor ou, infelizmente, de desprezo e humilhação. O dia em que seus pais compareceram à sua apresentação na escola, o sabor inconfundível do bolo de fubá feito pela sua avó ou, infelizmente, frases como "Você nunca será nada na vida!", "Por que não pode ser como seu irmão?", ditas por alguém que deveria apoiá-lo. Essas situações podem afetar a forma como você enxerga a si mesmo e se relaciona com os outros, seja de forma construtiva ou prejudicial.

Já memórias *traumáticas* são as mais difíceis, pois costumam ser recalques inconscientes. Ficam lá dentro, agindo nas sombras, até que sejam ressignificadas. Tais experiências dolorosas têm o poder de moldar nossa percepção a respeito de nós mesmos e do mundo. Por exemplo, uma mulher que cresceu ouvindo que "não era tão bonita quanto a irmã" pode se tornar alguém com uma baixa autoestima, sempre tentando agradar para se sentir aceita. Um professor que ridiculariza um aluno na frente de toda a classe pode gerar no menino sentimentos de vergonha e inadequação. Sem mencionar os abusos físicos ou emocionais, vindos de quem deveria oferecer proteção e amor.

Todos carregamos memórias que nos ajudam ou atrapalham no caminho da vida. Aceitar feridas do passado, perdoar a si mesmo e aos outros, e ressignificar as experiências é o primeiro passo para se libertar dessas bagagens emocionais. Como você está lidando com suas memórias? O que ainda está pesado em sua jornada? Talvez, seja hora de abrir a mala, olhar o que está dentro e, como mencionado no capítulo anterior, deixar para trás o que não serve mais. Lembre-se, temos o poder de escolher o que faremos com nossas lembranças: mantê-las como um peso que nos prende ou transformá-las em degraus para uma vida melhor.

"TEMOS O PODER DE ESCOLHER O QUE FAREMOS COM NOSSAS LEMBRANÇAS".

Atividade terapêutica

Avaliando suas feridas e bagagens emocionais

Instruções: esta ferramenta foi criada para ajudar você a identificar e refletir sobre as feridas emocionais que pode estar carregando. Leia cada pergunta com atenção, responda com sinceridade e, ao final, veja como suas respostas podem ajudá-lo(a) a dar o primeiro passo em sua jornada de cura e ressignificação.

1º passo: identificação de feridas

Responda *sim* ou *não* para as perguntas abaixo. Caso considere necessário, anote o que vier à mente.

1. Você sente que algo do seu passado ainda pesa sobre sua vida?

( ) Sim ( ) Não

2. Você já ouviu, em algum momento, críticas que ainda ecoam em sua mente?

( ) Sim ( ) Não

3. Você já se sentiu rejeitado(a) por alguém importante em sua vida?

( ) Sim ( ) Não

4. Você percebe que repete padrões de comportamento que o(a) fazem sofrer?

( ) Sim ( ) Não

5. Você costuma ter dificuldades em confiar nas pessoas, mesmo quando não há justificativa para esta desconfiança?

( ) Sim ( ) Não

6. Alguma lembrança específica causa tristeza ou desconforto em você até hoje?

( ) Sim ( ) Não

7. Você evita enfrentar certas situações porque tem medo de reviver algo doloroso do passado?

( ) Sim ( ) Não

8. Você sente que busca aprovação o tempo todo, mesmo que de maneira inconsciente?

( ) Sim ( ) Não

9. Você já tomou alguma decisão para agradar outras pessoas, mesmo sabendo que isso lhe faria mal?

( ) Sim ( ) Não

10. Você sente que seus relacionamentos são impactados por mágoas passadas?

( ) Sim ( ) Não

2º passo: memórias e sentimentos

Agora, reflita sobre as perguntas abaixo e responda de forma breve.

1. Qual é a primeira lembrança negativa que veio à sua mente enquanto respondia às perguntas acima?

2. Existe alguma memória da infância que você sente que ainda o(a) afeta hoje?

3. Qual é a lembrança mais feliz da sua vida? Ela ainda tem um impacto positivo sobre você?

4. Se pudesse mudar algo em seu passado, o que seria e por quê?

5. Existe alguém que você sente dificuldade de perdoar? Por quê?

____

____

____

____

____

____

3º passo: pontuação e análise

Para cada *sim* que você respondeu no 1º passo, dê um ponto.

Total de pontos: ______ (0 a 10)

Análise:

- **0 a 3 pontos:** você pode estar lidando bem com suas feridas emocionais ou tem dificuldades em reconhecer o impacto que elas exercem. Reflita mais sobre o que pode estar oculto em seu inconsciente.
- **4 a 7 pontos:** algumas feridas emocionais ainda precisam de atenção. Talvez o(a) estejam atrapalhando mais do que você imagina. Esse é um bom momento para buscar formas de ressignificar essas experiências.
- **8 a 10 pontos:** suas feridas estão influenciando sua vida e pode ser difícil enfrentá-las sozinho(a). Considerar ajuda profissional pode ser um passo importante.

4º passo: ação

Escolha uma das feridas ou lembranças que identificou acima e reflita:

- Como ela impacta sua vida hoje?

- O que você pode fazer para começar a ressignificá-la?

- Darei uma dica importante; olhe para essa ferida e escreva o que "poderia ter sido pior".

- Quem pode ajudar você nesse processo (um(a) amigo(a), um terapeuta, sua fé, etc.)?

ATENÇÃO: busque ajuda com profissionais capacitados que compartilham seus valores. Seja cuidadoso(a) ao escolher com quem você conversa a respeito da sua vida, pois, em vez de ajudar, isso pode piorar a situação. Por isso, sugiro um profissional da área.

"O PASSADO NÃO VOLTA E O FUTURO ESTÁ INTACTO PARA QUE POSSAMOS CONSTRUÍ-LO".

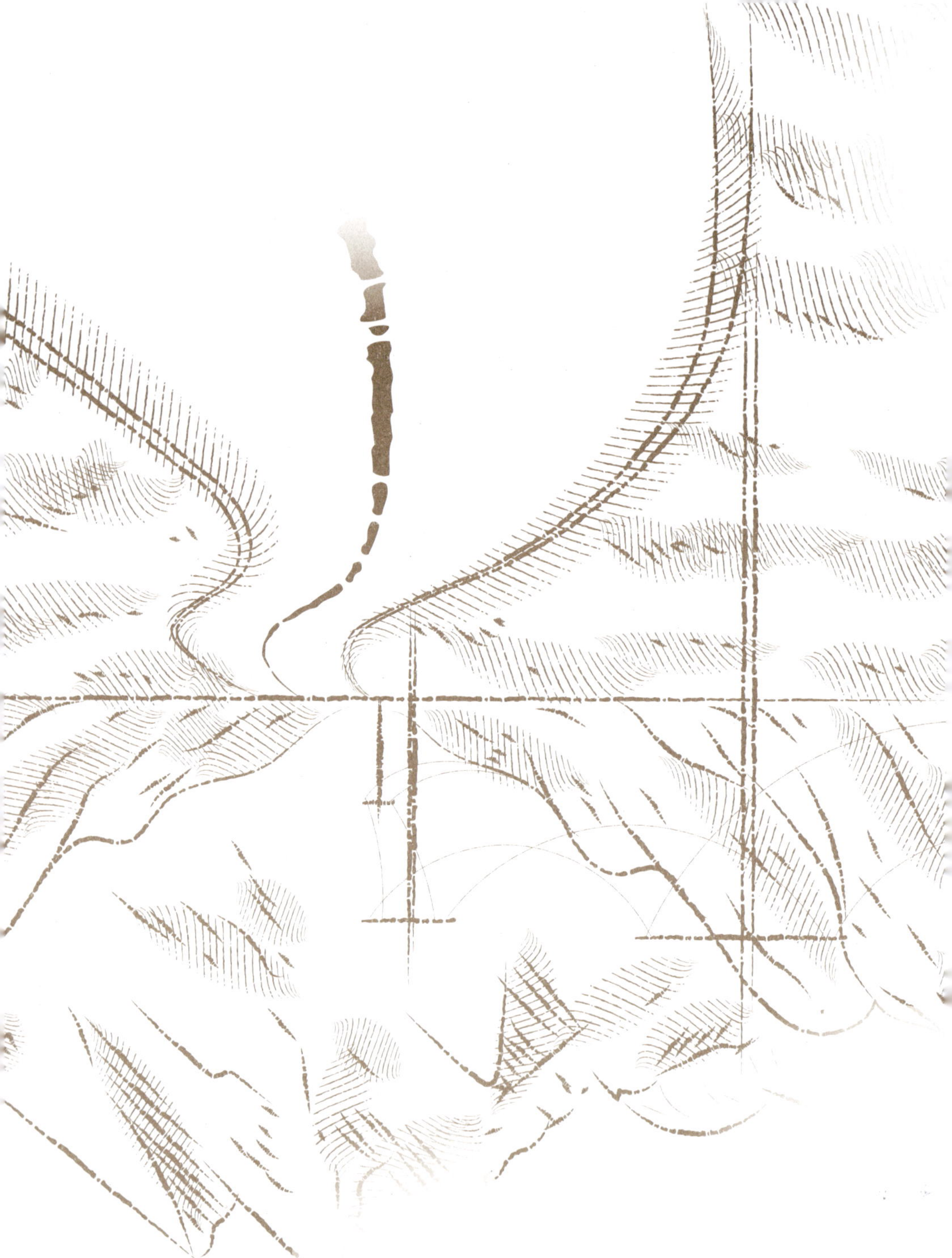

Capítulo 4

A INFÂNCIA É O SOLO QUE PISAMOS DURANTE TODA A VIDA

"As sementes plantadas na infância germinam por toda a vida – sejam elas flores ou ervas daninhas".

Enquanto ainda estamos no ventre materno, já começamos a sentir e experimentar emoções que influenciam nosso ser. Estudos em Psicoembriologia mostram que uma gestação indesejada ou repleta de conflitos pode gerar um ambiente intrauterino de rejeição. Imagine o impacto de, mesmo sem palavras, captar a mensagem de "não ser desejado", isso já nos sobrecarrega de maneira emocional antes mesmo de nascermos.

Quando chegamos à infância, essa fase se torna o solo sobre o qual tudo é construído, e a verdade é a seguinte: a infância não fica no passado. Ela nos acompanha em cada escolha, medo ou insegurança. Crianças que se sentem rejeitadas podem crescer carentes, vulneráveis a relacionamentos abusivos ou decisões equivocadas. Quantas meninas você conhece que se casaram não por amor, mas para fugir de um lar disfuncional, e acabaram presas em outros ciclos de dor?

Pense em você agora. O que ainda carrega da sua infância? Lembra-se das memórias culturais, afetivas e traumáticas citadas no capítulo anterior? Quais, boas ou ruins, ainda permanecem vivas dentro de você? Revisitar essas lembranças é como abrir uma mala velha, esquecida no fundo do armário. Você encontra coisas que nem sabia que estavam lá, – foram deixadas por outras pessoas: seus pais, avós, professores ou amigos.

Juliana, uma mulher de 34 anos, viveu algo assim. Ao procurar terapia por não conseguir progredir na carreira, ela compreendeu como questões do passado estavam afetando sua vida. Apesar de ser qualificada e ter um bom histórico profissional, Juliana travava em entrevistas para cargos mais altos. Durante a terapia, uma lembrança aparentemente insignificante veio à tona: na infância, sua mãe costumava dizer a ela: “Você é lenta, nunca dará conta de algo importante”. Essas palavras ressoavam na mente de Juliana sempre que ela se deparava com um novo desafio e, durante o processo terapêutico, ela percebeu que havia internalizado a crença de que não era capaz.

É fácil pensar que as experiências da infância ficam para trás. Mas a verdade é que elas continuam presentes, não como lembranças superficiais, mas como fios invisíveis que tecem nossa identidade, o que sentimos e como nos relacionamos com a sociedade. É por isso que buscar autoconhecimento é importante. Reconhecer nossos gatilhos emocionais, entender suas origens e aprender a lidar com eles são passos cruciais para acolhermos nossa criança interior, que ferida, reprimida, podada ou humilhada ainda grita dentro de nós e manifesta suas dores em nossas atitudes.

Se nos voltarmos para a Bíblia, notaremos que ela nos ensina a esquecer das coisas que ficaram para trás – o passado – e a avançar para as que estão adiante (cf. Filipenses 3.13). Ao mesmo tempo, ela nos aconselha a trazermos à memória o que pode nos dar a esperança (cf. Lamentações 3.21). Ou seja, precisamos discernir o que deve ser guardado no coração. Nem todas as memórias precisam ser esquecidas; algumas são fontes de esperança e aprendizado. Outras, porém, são como algemas, que nos prendem a traumas, ressentimentos e tantas outras questões tóxicas.

Críticas destrutivas como "Você nunca será nada!" ou "Você só atrapalha!" não devem ter mais lugar em seu presente. Sentimentos de rejeição, provenientes de situações em que você foi deixado de lado, ignorado ou humilhado não definem seu valor. Da mesma forma, traumas que você viveu, embora não possam ser apagados, não precisam continuar sendo carregados como um peso emocional. Essas e outras memórias dolorosas precisam ser jogadas no mar do esquecimento, como em uma atitude de libertação. O ato de deixar para trás o que não serve mais é um processo de cura que exige coragem, e traz leveza e renovação.

Em contrapartida, há lembranças que merecem ser resgatadas, pois têm o poder de renovar nossas forças e nos fazer lembrar do nosso valor. São aquelas palavras de encorajamento que recebemos em momentos importantes, como a vez em que alguém reconheceu nosso esforço, destacou uma qualidade nossa ou nos chamou de inteligentes. Da mesma forma, os momentos de superação são joias preciosas em nossa história. Portanto, lembre-se daquelas situações nas quais você enfrentou algo difícil e saiu mais forte.

Com certeza, existe muita coisa guardada em sua mente. Encontre essas lembranças e reviva tais momentos. Gestos de amor, como o carinho dos pais, o abraço dos avós, a ajuda de uma professora na escola, a companhia de um amigo ou até mesmo o sorriso de um estranho que fez diferença em um dia ruim. Essas memórias são como combustível para nossa jornada; elas nos dão esperança, mesmo em tempos difíceis.

Enfim, todos carregamos uma criança interior. Para alguns, ela é alegre, confiante e cheia de curiosidade. Para outros, é marcada por lágrimas derramadas no escuro, rejeição ou punições por erros que nem cometeu. Ignorá-la é como tentar construir uma casa sobre um alicerce rachado – a estrutura pode até sustentar por um tempo, mas nunca será, de fato, estável.

Acolher nossa criança interior não é fácil. Muitas vezes, isso significa reviver dores, encarar medos que reprimimos e lidar com emoções que preferiríamos esquecer. No entanto, é um processo transformador, que começa com o reconhecimento de que muitas das nossas atitudes e comportamentos atuais são reflexos das experiências vividas lá na infância.

Ao dar espaço para que nossa criança interior se manifeste, podemos nos perguntar: "O que ela está tentando dizer? Quais são seus medos e desejos?". Esse diálogo interno nos ajuda a compreender as raízes de nossas emoções, além de oferecer a essa figura interna o que ela talvez nunca tenha recebido – palavras de amor e validação. Quando a ouvimos e permitimos que chore, grite e expresse sua dor, damos a ela uma chance de ser curada. E, quando nossa criança interior é curada, o adulto que somos ganha força, maturidade e paz.

Por exemplo, Marcos, um homem maduro e aparentemente bem-sucedido, travava uma batalha interna constante. Suas explosões de raiva desproporcionais eram seguidas por longas semanas de isolamento, em especial após as brigas com a esposa. Durante a terapia, descobrimos que sua infância havia sido marcada por um pai frio e severo, que raramente demonstrava afeto e costumava só criticar o filho. Entre as lembranças mais dolorosas, uma frase ficou gravada: "Você nunca será nada!".

Uma criança ferida gritava dentro de Marcos toda vez que ele sentia a desaprovação de alguém. No fundo, ele ainda tentava provar para o pai, já falecido, que era alguém de valor. Com o tempo, ele começou a entender que não precisava mais dessa aprovação, e esse processo o levou a acolher sua criança interior, oferecendo o carinho e reconhecimento que ela nunca havia recebido. Hoje, Marcos é um homem mais tranquilo, consciente de seus gatilhos emocionais e mais presente em seus relacionamentos. Ele compreendeu que a raiva que sentia não era direcionada aos outros, mas sim uma reação à dor reprimida que carregava por anos.

> "Carregar o passado é uma escolha;
> ressignificá-lo é um ato de libertação".

Cada memória é uma semente plantada em nossa infância. Algumas florescem e nos fortalecem, enquanto outras se tornam ervas daninhas que sufocam nosso crescimento. O desafio da vida adulta é justamente revisitar o jardim, identificar o que vale a pena regar e o que precisa ser arrancado. É um processo difícil, mas libertador. Afinal, memórias podem ser um peso ou uma ponte – a escolha é sua.

"LEMBRE-SE DAQUELAS SITUAÇÕES NAS QUAIS VOCÊ ENFRENTOU ALGO DIFÍCIL E SAIU MAIS FORTE".

Atividade terapêutica

Explorando suas memórias

Objetivo: identificar memórias – boas ou ruins – que ainda mexem com você e decidir como lidar com elas.

1. **Identifique suas memórias:**

   - Uma memória cultural marcante.

   - Uma memória afetiva positiva.

- Uma memória afetiva negativa.

- Uma memória traumática.

2. Reflexão sobre as memórias negativas:

- Como elas moldaram quem você é hoje?

- O que você pode aprender com elas?

- Como ressignificá-las para que não definam mais quem você é?

3. Anote suas reflexões e, no final, escreva uma frase que simbolize sua escolha de seguir em frente.

Se as práticas escritas parecerem repetitivas, saiba que é proposital. Afinal, *escrever cura*. É justamente para ajudá-lo(a) a mexer em sua mala emocional em busca de lembranças e, a partir disso, ressignificar cada uma delas. Faz parte do processo de autoconhecimento e cura emocional.

"MEMÓRIAS PODEM
SER UM PESO OU
UMA PONTE —
A ESCOLHA É SUA."

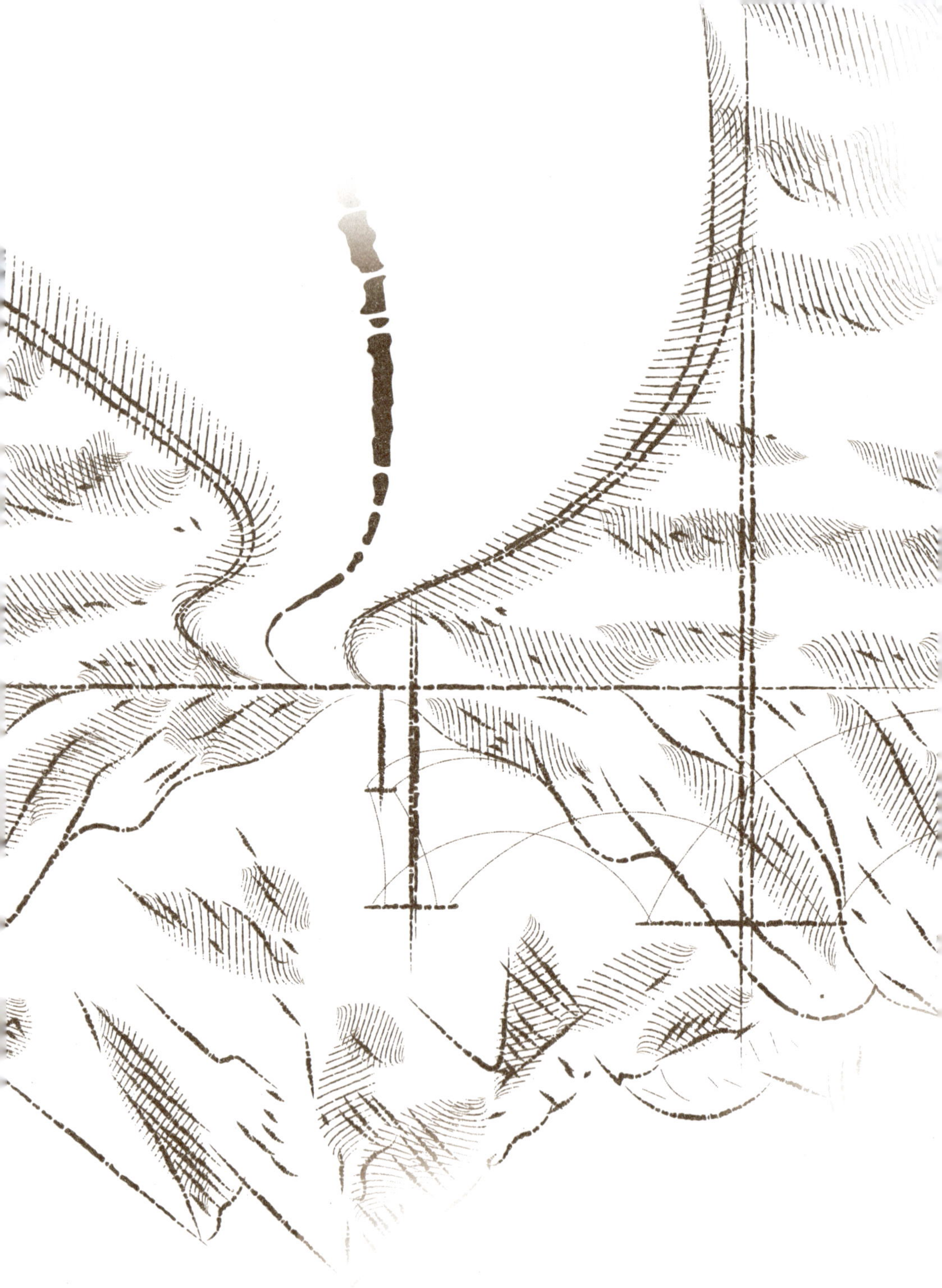

Capítulo 5

O QUE É UM TRAUMA E COMO ELE MOLDA NOSSA VIDA

"Traumas não são apenas cicatrizes invisíveis; são ecos do passado que moldam nossos passos no presente".

Um trauma é muito mais do que a palavra pesada que frequentemente associamos a tragédias óbvias. Ele pode ser comparado a uma rachadura na fundação de uma casa, muitas vezes invisível à primeira vista, mas capaz de comprometer toda a estrutura com o passar do tempo. Trata-se de uma ferida emocional, psicológica ou física que afeta a forma como vivemos.

Não é apenas sobre o que aconteceu, mas como sentimos e processamos a questão. Para alguns, um tombo na infância pode ser lembrado como um episódio de risadas, mas para outros, a mesma experiência se transforma em uma humilhação. Essa diferença ocorre porque traumas não se medem por fatos em si, mas variam de pessoa para pessoa; afinal, cada um tem um limite emocional.

Imagine um copo sendo cheio de água aos poucos, gota a gota. O trauma é aquela gota que faz o copo transbordar; ele nos desestabiliza, ainda mais quando não sabemos lidar com a situação. O mais preocupante é que, às vezes, convivemos com traumas de forma tão habitual que já não conseguimos nos lembrar de como era viver sem eles. Essas questões podem surgir em qualquer momento da vida, mas seus impactos dependem da fase em que nos encontramos.

A *infância*, por exemplo, é o solo fértil das emoções, onde tudo começa. Nessa fase, absorvemos informações sobre quem somos e como o mundo funciona. Cada experiência vivida – seja boa ou ruim –, planta uma semente em nossa formação. Por exemplo, pais ausentes ou emocionalmente indisponíveis, violência doméstica, física ou psicológica, ou mesmo abusos, causam feridas que podem levar anos para cicatrizar.

Palavras de desvalorização, apesar de parecerem inofensivas para quem as pronuncia, frequentemente acabam corroendo a autoestima de uma criança. Comparações com irmãos ou colegas, abandono emocional ou físico, entre tantas outras questões, são experiências que têm o poder de moldar a percepção de uma criança sobre si mesma, por menores que possam parecer aos olhos dos adultos. As consequências podem ser variadas: dificuldade em estabelecer vínculos afetivos ou confiar nos outros, sem contar o medo do abandono ou os problemas de autoestima.

A *adolescência*, por sua vez, é aquela fase em que sentimos tudo com intensidade máxima, mas ainda estamos tentando entender quem somos. É um período em que pertencimento e aceitação fazem toda a diferença. Para muitos, esses anos são permeados por experiências que deixam marcas consideráveis – bullying e comentários depreciativos sobre a aparência, paixões não correspondidas, a perda de um ente querido, rompimentos familiares, críticas à sexualidade ou abusos, sexuais ou emocionais.

Experiências assim, vividas em uma fase tão delicada da vida, acabam moldando a percepção que as pessoas têm a respeito de si mesmas. Não é surpresa nenhuma que, entre as possíveis consequências, estejam comportamentos impulsivos na tentativa de se encaixar em algum lugar, dificuldades para se relacionar, procrastinação, além de quadros de depressão e pensamentos suicidas.

Contudo, mesmo aqueles que desfrutaram de uma infância e adolescência tranquilas não estão imunes a traumas na *vida adulta*. Afinal, viver significa, inevitavelmente, lidar com perdas, fracassos e circunstâncias inesperadas – a morte repentina de um ente querido, um divórcio traumático ou uma traição, crises financeiras, desemprego, episódios de violência ou acidentes graves.

As consequências tendem a ser diversas. É comum que surjam crises existenciais, marcadas pela sensação de perda de propósito e por um questionamento do próprio valor. Em certos casos, o medo de novas decepções ou uma desconfiança exagerada levam ao isolamento social. Para algumas pessoas, o peso emocional se acumula a tal ponto que começam a ter pensamentos depressivos, até mesmo suicidas.

Enfim, é verdade que não podemos mudar o que foi dito ou vivido. Porém, todas essas questões não precisam ser sentenças perpétuas. Pelo contrário, o que antes parecia um grilhão pode se transformar em asas que nos libertam e nos permitem voar em direção a uma vida melhor. A chave está em aceitar o que fomos, sem medo de nos reinventar a cada passo.

Como traumas se manifestam?

Quando não tratados, traumas encontram formas criativas – e destrutivas – de se manifestarem. É como um alarme de incêndio que dispara em situações que nem sempre oferecem perigo real. Relacionamentos fracassados, escolhas impulsivas ou até autossabotagem podem ser indícios de traumas mal resolvidos. Explosões de raiva ou crises de choro, um medo inexplicável de situações cotidianas, doenças autoimunes, insônia, dores de cabeça frequentes, obesidade e até problemas digestivos; todas essas questões podem ter origem emocional.

Nosso corpo fala, por isso é preciso aprender a ouvi-lo. Traumas emocionais tendem a se manifestar por meio de doenças psicossomáticas também, aquelas em que a mente grita, mas é o corpo que sente. São manifestações físicas que têm raízes emocionais, ignoradas até que o corpo resolva nos dar uma bronca com sintomas reais. Um exemplo é a *enxaqueca*. Sua origem pode estar ligada ao perfeccionismo, à sobrecarga mental e ao famoso hábito de guardar tudo para si – inclusive o "não" que você queria ter dito.

Posso citar também problemas como *gastrite* e *úlcera*, condições que podem surgir como reflexo de ansiedade, raiva reprimida e dificuldade em "digerir" certas situações ou pessoas. Os problemas podem ser ainda mais sérios; a *asma*, por exemplo, muitas vezes surge associada a um medo de perder o controle ou à sensação de estar emocionalmente sufocado em contextos tóxicos, como um relacionamento complicado ou um trabalho opressivo.

"NOSSO CORPO FALA, POR ISSO É PRECISO APRENDER A OUVI-LO".

Da mesma forma, *dermatites* e *psoríase* podem ser sinais de sentimentos de rejeição ou baixa autoestima. Como se o corpo tentasse dizer: "Se você não se sente confortável na própria pele, isso se tornará visível até que a questão seja resolvida". Já em casos de *hipertensão*, emoções reprimidas, como raiva e estresse crônico, podem ser os grandes vilões da história. O corpo grita: "Você não pode carregar tanto peso emocional sem sofrer consequências físicas!". Outros exemplos incluem condições como *síndrome do intestino irritável*, *fibromialgia*, *insônia*, *doenças autoimunes* (Lúpus ou Artrite Reumatoide) e até a *obesidade*. Todas são formas que o corpo encontra para mostrar que algo está desequilibrado.

> "Não espere o corpo pedir socorro.
> Escute suas emoções antes que virem um diagnóstico".

Traumas não desaparecem por conta própria, mas persistem, pedindo atenção. Eles são propensos a também gerar transtornos de personalidade e doenças mentais. Um trauma não ressignificado é como uma ferida aberta que, em vez de cicatrizar, contamina outras áreas da vida. Como já mencionei, experiências como rejeição, abandono, humilhação, abuso ou qualquer situação dolorosa podem afetar a forma como vemos a nós mesmos, os outros e o mundo.

Quando não resolvidas, acabam desencadeando condições emocionais e psicológicas, como ansiedade, depressão, transtorno de personalidade *borderline* ou transtorno de estresse pós-traumático (TEPT). Além do mais, traumas nos levam a desenvolver mecanismos de defesa disfuncionais que, embora sejam tentativas de proteção, afastam-nos do nosso potencial.

Uma questão importante a ser lembrada é que eles não desaparecem quando os ignoramos. Pelo contrário, tornam-se mais complexos e controlam nossa vida por trás das cortinas. Sem ressignificação, ficamos presos ao passado, revivendo as mesmas dores e repetindo padrões que sabotam nosso futuro. Alguns sinais podem ajudar a identificar questões não resolvidas. Em relacionamentos, por exemplo, você confia nas pessoas com facilidade ou, ao contrário, sempre espera o pior delas? Reage de forma exagerada a críticas ou rejeições, mesmo quando são pequenas? Ou sente que está preso a padrões tóxicos, repetindo ciclos que parecem difíceis de romper?

Na forma como você enxerga a si mesmo, a autocrítica pode ser um indicador de algo que afetou sua autoestima. Você sente que precisa de validação externa para se sentir bem ou carrega a sensação de que nunca é bom o suficiente, por mais que se esforce? Quando o assunto é emoções, escolhas e comportamentos, você evita pensar em certas situações do passado? Fica ansioso, melancólico ou nervoso sem nenhum motivo aparente? Outra coisa que também pode acontecer é a repetição de erros, mesmo sabendo que está errado, ou a sensação de que você não controla suas próprias decisões.

Nossos traumas são capítulos não finalizados, cujas páginas insistem em ser relidas, mesmo quando tentamos ignorá-las. Por mais desafiador que seja encarar essas questões, é nesse processo que reside a oportunidade de transformação. Não se trata de apagar o passado, mas de dar novo sentido a ele. Lembre-se, quando você lida com traumas, descobre que é possível transformar dores em aprendizado e feridas em força. Afinal, quando enfrentamos o que nos feriu, abrimos espaço para viver o que nos espera.

> "Deixar um trauma de lado é como tentar
> construir um castelo em terreno instável.
> Cure o que o feriu, para que nada paralise
> quem você nasceu para ser".

Atividade terapêutica

Descobrindo suas áreas de trauma

Objetivo: identificar memórias e padrões ligados a traumas emocionais para começar a ressignificá-los.

1º passo: reflexão inicial

Responda às perguntas:

1. Consegue se lembrar da primeira vez que se sentiu triste ou rejeitado(a)?

2. Qual situação você evita lembrar? Por quê?

3. O que você sente que ainda não conseguiu superar?

2º passo: identificação de padrões

Leia suas respostas e veja se encontra temas recorrentes, como abandono, rejeição ou medo. Escreva-os abaixo:

3º passo: ressignificação

Para cada memória dolorosa, escreva uma frase de ressignificação.

Por exemplo:

- Memória: "Meu pai saiu de casa e nunca mais voltou".
- Ressignificação: "Isso me ensinou a ser resiliente e valorizar a presença de quem amo".

Agora é com você. Falar sobre feridas e traumas ajuda a resolver a questão; escrever também tem esse poder. Portanto, mãos à obra (escreva essa parte em uma folha separada também):

4º passo: ato ilustrativo de liberação

Escreveu em uma folha separada também? Então, rasgue-a ou queime-a. Esse ato simbólico representa sua decisão de deixar para trás o peso do passado. Gestos como esse podem marcar nossas emoções assim como um dia as memórias traumáticas o fizeram.

> "Traumas são como sombras – eles nos acompanham
> até o momento em que decidimos olhar para a luz".

“É POSSÍVEL TRANSFORMAR DORES EM APRENDIZADO E FERIDAS EM FORÇA”

Capítulo 6

O ESPELHO QUEBRADO

Como ressignificar as rachaduras da alma

"Traumas são como rachaduras em um espelho – distorcem nossa visão, mas ainda podemos refletir algo belo se lidarmos com o que está quebrado".

Seja bem-vindo ao campo de batalha emocional, onde todos lutamos, alguns com espadas e outros com armas improvisadas. Desde o primeiro choro até os tropeços na fase adulta, nossa existência é marcada por gigantes emocionais que, se não forem enfrentados, podem moldar nossa identidade e nos manter presos a padrões destrutivos. Imagine a vida como uma longa estrada cheia de curvas e buracos. Dentro do carro, somos acompanhados por nossos traumas: passageiros inconvenientes que reclamam, distraem-nos e, às vezes, assumem o volante quando menos esperamos. A boa notícia é que podemos retomar o controle, mas isso exige coragem para olhar no retrovisor e enfrentar o que está sentado no banco de trás.

Como já foi mencionado previamente, traumas podem se manifestar em qualquer momento da vida e possuem nomes familiares: rejeição, abandono, humilhação, injustiça, traição e tantos outros. Neste capítulo, exploraremos essas questões com um pouco mais de profundidade. Ao mesmo tempo, falaremos sobre quem as causou, para tentarmos enxergar o contexto que pode ter contribuído para isso.

Meu objetivo não é apenas trazer uma explicação, mas convidar você a pensar sobre o que esses temas podem significar para sua própria história. É possível que algumas dessas palavras despertem memórias ou sensações, enquanto outras pareçam alheias. De qualquer maneira, espero que a leitura o ajude a acolher essas emoções, reconhecer possíveis feridas e, quem sabe, abrir portas para compreendê-las e ressignificá-las.

Rejeição: a dor de não ser escolhido

> "Não ser suficiente para alguém machuca,
> mas acreditar nisso por uma vida inteira destrói".

A rejeição é como aquela dorzinha persistente que, se não for tratada, vira uma ferida aberta. É algo que começa cedo, em situações aparentemente insignificantes, mas que deixam marcas consideráveis. Imagine, por exemplo, uma criança ouvindo frases como: "Você não sabe fazer nada direito" ou "Ninguém quer você no time". Embora possam parecer inofensivas, para uma mente infantil, essas palavras criam a ideia de que algo está errado com ela. Essa percepção pode se agravar quando a rejeição parte de quem menos se espera – daqueles que deveriam protegê-la e amá-la de maneira incondicional.

Não é incomum que essas experiências dolorosas levem pessoas a viverem em busca de aprovação. Você já se pegou fazendo algo só para ser aceito? Assumindo trabalhos que não queria, indo a lugares onde não se sentia bem ou até se envolvendo em relacionamentos que não faziam sentido. Não poderia deixar de citar o medo de se expor emocionalmente, que se torna uma barreira quase intransponível; afinal abrir o coração traz o risco de mais sofrimento. Sem contar o impacto nas relações codependentes, nas quais pessoas acabam aceitando migalhas por acreditarem que não merecem algo melhor.

Algo que acredito ser pertinente lembrar é que, às vezes, quem rejeita não o faz por maldade. Muitos pais agem conforme as ferramentas que possuem no momento. Talvez estejam sobrecarregados, indisponíveis emocionalmente ou apenas repetindo padrões que também viveram. Uma mãe que compara seus filhos, por exemplo, pode ter vindo de um lar onde ela também era comparada. Sem perceber, ela acaba transmitindo a dor que carrega por achar que está incentivando os filhos a serem melhores.

Entenda que colocar-se no lugar de quem rejeitou e perdoá-la não significa justificar a dor que a pessoa causou, mas é uma maneira de se libertar do problema. Perdoar implica entender que, embora o passado não possa ser mudado, a maneira como você lida com ele pode ser diferente. Não se trata de concordar com o que aconteceu, mas de escolher não carregar mais um peso desnecessário. Sem dúvidas, a rejeição dói, mas não deve determinar quem você é. A psicanálise nos mostra que "o que aconteceu na infância é parte de nossa história, mas não precisa ser o roteiro da nossa vida inteira". Portanto, lembre-se de que você não é o que outros pensam sobre você. *Você é o que escolhe ser.*

"Nem sempre podemos mudar como fomos tratados,
mas sempre podemos mudar como nos tratamos daqui para frente".

Abandono: o vazio de quem foi deixado para trás

> "O abandono não é apenas sobre quem foi embora,
> mas também sobre quem ficou e não soube estar presente".

O abandono é uma ferida silenciosa, capaz de se apresentar tanto nas formas mais óbvias como de maneiras sutis, por exemplo, disfarçada atrás da convivência física. É o caso de pais que, apesar de estarem por perto no dia a dia, não estavam presentes de verdade na vida de seus filhos – não havia conversas, abraços ou palavras de afeto, como um simples "Amo você!". Isso sem mencionar as promessas quebradas, olhares tortos ou momentos que carecem de amor. Experiências assim geram um vazio emocional que pode evoluir para padrões como a ansiedade de ser substituído ou a dificuldade em confiar nos outros.

E, claro, existem situações mais complexas, como quando um pai ou uma mãe deixa a família sem explicações ou falha em proteger os filhos em contextos de abuso. Nessas circunstâncias, as crianças costumam sentir que precisam "se virar sozinhas", já que os adultos estão ocupados demais ou alheios à situação. Esse sentimento não desaparece facilmente, o que frequentemente resulta em autossabotagem e, infelizmente, essa realidade é mais comum do que pensamos.

Sempre me lembro da história de uma paciente quando o assunto é abandono. Lúcia, uma mulher já adulta quando a atendi pela primeira vez, trazia consigo lembranças de uma infância difícil. Sua mãe vivia sobrecarregada e dividia-se entre vários empregos para sustentar a casa. Embora admirasse o esforço incansável da mãe, Lúcia percebia uma lacuna emocional na relação entre as duas. "Minha mãe fazia tanto por nós, mas nunca parecia ouvir o que eu tinha a dizer. Era como se eu fosse invisível", ela desabafou certa vez.

Um dia, Lúcia compartilhou algo mais grave: ela havia sido abusada pelo marido da tia. Quando finalmente conseguiu contar à mãe, a resposta que recebeu foi devastadora: “Acontece! Fica bem longe dele e não conta para ninguém, assim você não estraga o casamento da sua tia”. Para agravar a situação, sua mãe aproveitava os sábados de folga para fazer faxinas na casa da tia e levava Lúcia junto. A menina ficava trancada em um quarto, enquanto o agressor continuava solto pela casa, sem qualquer repreensão por parte da mãe. “Sentia-me presa, desprotegida e abandonada. A atitude da minha mãe doeu mais do que o abuso em si”, ela revelou em uma sessão.

Anos mais tarde, ao revisitar seu passado, Lúcia começou a compreender o contexto da situação. A dependência financeira da família em relação à tia, somada ao peso de um histórico de abusos intergeracionais, ajudava a explicar, embora não justificasse, o comportamento da mãe. Lúcia ainda descobriu que sua mãe também havia sido vítima de um abuso e que sua avó reagira da mesma forma, o que perpetuou um ciclo de abandono e silêncio.

Foi nesse momento que Lúcia percebeu que não precisava repetir a mesma história. Ao perdoar sua mãe, ela começou a ressignificar sua dor. O perdão não anulou o que havia acontecido, mas permitiu que ela colocasse um fim no ciclo de sofrimento. Hoje, Lúcia está empenhada em sua cura emocional, aprendendo a se valorizar e a construir relacionamentos saudáveis. Sua jornada é um testemunho de que, mesmo

“SEMPRE HÁ ESPAÇO PARA RECOMEÇAR E CRIAR UM FUTURO DIFERENTE”.

com cicatrizes do passado, sempre há espaço para recomeçar e criar um futuro diferente.

É fácil associar o abandono a uma atitude cruel, mas nem sempre quem esteve ausente ou deixou de cuidar agiu com maldade. Isso não justifica a questão, mas nos permite entender que, às vezes, é o reflexo de um ciclo intergeracional que só pode ser rompido com conscientização e cuidado. De fato, o abandono deixa marcas, mas a cura começa quando conseguimos olhar para a dor de ambos os lados. Perdoar significa compreender que, por trás de quem nos machucou, também existe alguém ferido, e quando fazemos isso, damos um passo rumo à liberdade emocional.

Humilhação: a dor de ser diminuído

> "Palavras penetram mais fundo que lâminas, pois deixam cicatrizes invisíveis que podemos carregar para sempre".

A humilhação é uma mágoa que pode perdurar por toda a vida. Não se trata apenas de uma situação embaraçosa, mas de um golpe que destrói a autoestima, além de minar a confiança que a pessoa tem em seu potencial. Muitas vezes, as circunstâncias que causam essa dor passam despercebidas por quem observa de fora, mas para quem as vivencia são um terremoto emocional. Entre os exemplos mais comuns estão as críticas realizadas em público ou em particular, o bullying no ambiente escolar e os episódios de vergonha provocados por figuras de autoridade, como professores, líderes religiosos e outros adultos.

Experiências humilhantes na infância ou adolescência costumam deixar marcas que, na vida adulta, limitam o crescimento pessoal e profissional. O perfeccionismo tende a ser um problema. Ou seja, a necessidade de fazer tudo de forma impecável para evitar críticas, mesmo que isso signifique gastar um tempo excessivo ou desistir de tentar. Outra consequência é o medo de se expor e a procrastinação por receio de fracassar. A sensação de que qualquer erro será ridicularizado ou tratado como algo imperdoável impede a pessoa de se posicionar ou assumir certas responsabilidades. Ela se sabota e mantém uma postura antissocial ou retraída, na tentativa de evitar julgamentos.

De fato, a humilhação deixa vestígios emocionais, invisíveis à primeira vista. No entanto, o caminho para a cura começa com a conscientização. Em outras palavras, entender que nossas dores são legítimas e, então, ressignificá-las para seguirmos em frente. Como Carl Jung uma vez disse: "Não sou o que aconteceu comigo, sou o que escolho me tornar"[1]. Essa escolha nos convida a optar pela compreensão e pelo perdão. Ao fazer isso, não estamos isentando ninguém de responsabilidade, mas libertando a nós mesmos do peso de carregar a dor para sempre. É nesse espaço de liberdade que conseguimos transformar a humilhação de um fardo em um aprendizado que nos torna mais fortes.

Traição: quando a confiança se rompe

"A traição dói porque vem de quem deveria nos proteger".

A traição é uma quebra de confiança capaz de abalar tanto nossas relações quanto nossa percepção da realidade. Não é exclusivo do âmbito conjugal, mas pode ocorrer em amizades, relações profissionais e até mesmo no contexto familiar. Um irmão que nos expõe em uma situação

[1] Embora a frase seja atribuída a Carl Gustav Jung, não existe qualquer registro de que ele a tenha proferido ou escrito literalmente, o que indica se tratar de uma paráfrase ou interpretação. O conteúdo, porém, reflete as teorias de Jung sobre a individuação e o desenvolvimento de si mesmo, que enfatizam a possibilidade de crescimento pessoal além dos condicionamentos do passado.

"O CAMINHO PARA A CURA COMEÇA COM A CONSCIENTIZAÇÃO".

constrangedora, um amigo que revela nossos segredos ou nos troca por popularidade na escola, um chefe que promete uma promoção, mas nunca cumpre sua palavra, ou um cônjuge que mantém outro relacionamento em segredo. Sentimos uma mistura de desilusão, vulnerabilidade e dúvida que nos faz questionar não só a lealdade de quem nos feriu, mas também a integridade de outras pessoas.

Lembro-me de uma paciente chamada Ana, que viveu uma experiência devastadora ao descobrir que seu marido estava tendo um caso. "Não foi só ele que eu perdi", ela desabafou, "Perdi a confiança em todos e, pior, até em mim mesma, por não ter percebido algo antes". A dor que ela sentiu trouxe à tona memórias de sua adolescência. Quando tinha 14 anos, Ana descobriu que seu pai estava traindo a mãe dela. Abalada e confusa, decidiu contar para a mãe e acabou ouvindo uma resposta inesperada: "Ana, isso não é da sua conta. Fique quieta para não destruir nossa família".

Essas palavras a abalaram, dando a entender que seus sentimentos não tinham importância e que ela deveria suprimir suas dores para evitar problemas. Ao longo da vida, isso a levou a aceitar relacionamentos em que não era valorizada e a ignorar sinais de alerta que indicavam desrespeito ou falta de reciprocidade. Quando o marido a traiu, não foi só a dor do momento que a afetou; foi como se as feridas do passado tivessem sido reabertas. Ana se viu novamente na pele daquela adolescente de 14 anos que, calada e sem ajuda, precisou enfrentar sozinha as consequências da deslealdade.

Aos poucos, ela começou a compreender a importância de expressar seus sentimentos, estabelecer limites e, acima de tudo, deixar de carregar pesos que não eram seus. Não foi uma mudança imediata, mas hoje, Ana está reconstruindo sua autoestima e aprendendo a confiar novamente – primeiro em si mesma. Sua história é uma prova de que, independentemente das circunstâncias, é possível transformar feridas em força para seguir em frente.

O outro lado da traição: a história do marido de Ana

> "Às vezes, quem trai não queria ferir; apenas não soube lidar com suas próprias fraquezas ou deu aquilo que tinha, mesmo que fosse insuficiente".

Essa frase resume bem a história do marido de Ana, que também lidava com feridas feitas ainda na infância. Seu pai, um homem mulherengo, era infiel à mãe, além de ser alguém que negava a própria paternidade. "Você não é meu filho, não se parece comigo. Não tem o meu sangue" eram palavras que o homem repetia o tempo todo e que ficavam gravadas na mente do menino. Apesar dos pesares, a mãe se esforçava para ensinar ao filho valores como fidelidade, respeito e responsabilidade, na esperança de que ele se tornasse um homem melhor do que o pai.

Anos mais tarde, após se casar com Ana e se tornar pai, o rapaz sentiu um desejo inconsciente de se reconectar com o próprio pai. Como se isso pudesse, de alguma forma, preencher o vazio deixado pela rejeição que havia sofrido. No entanto, nada aconteceu. Em vez disso, ele passou a viver com uma voz interna que dizia: "Seu pai não quer saber de você porque você é muito certinho".

Essa questão não resolvida acabou por levá-lo a cometer erros em seu casamento. Em uma sessão, ele confessou: "Traí, mas não porque deixei de amar Ana. Parecia uma tentativa inconsciente de reproduzir os erros do meu pai, como se isso pudesse me conectar a ele. Era como se eu quisesse dizer: 'Pai, olha, sou como você'. Mas tudo isso aconteceu sem que eu tivesse a menor consciência".

Na terapia, tudo fez sentido para ele quando expliquei que esse comportamento é conhecido como *amor cego* – quando alguém tenta repetir padrões negativos dos pais ou assumir a culpa deles, como uma forma de conexão ou lealdade familiar. O problema é que padrões disfuncionais, como traições, vícios e autossabotagem, acabam sendo reproduzidos. Esse tipo de amor não é saudável e a libertação acontece quando a pessoa percebe que pode amar e respeitar seus pais sem a necessidade de repetir os erros dos dois.

A história do marido de Ana é um lembrete de que, por trás de um erro, pode haver feridas que precisam ser compreendidas e tratadas. Embora não justifique nenhuma traição, compreender as raízes da situação permite que tanto o traído quanto o traidor encontrem um caminho de cura e restauração, quer permaneçam juntos ou não. Carregar a dor de uma traição pode ser mais destrutivo do que resolver a questão. Seja ao voltar-se para dentro para curar as próprias feridas ou ao buscar novas maneiras de se relacionar com o outro, é importante lembrar que a traição não precisa ditar o restante da história de ninguém. Pelo contrário, ela pode ser o ponto de partida para um novo começo.

Injustiça: quando o esforço não é reconhecido

"A injustiça não apenas fere; ela nos faz questionar nosso valor".

Sentir que nossos esforços passam despercebidos é algo que corrói a autoestima e nos faz duvidar de nossas próprias capacidades. Investimos energia e até mesmo amor em algo, apenas para perceber que o valor disso não foi sequer notado. Independentemente do contexto – seja em casa, na escola ou no trabalho –, a sensação de injustiça incomoda porque todos desejamos ser valorizados, tanto pelo que fazemos quanto por quem somos.

Essa realidade pode ser ilustrada pela história de um paciente que atendi anos atrás. João era um jovem dedicado que, infelizmente, precisou lidar com a questão da injustiça no trabalho. Ele entregava todos os projetos no prazo e, além disso, estava sempre disposto a ajudar seus colegas. Ainda assim, era ignorado pelo chefe, que preferia elogiar funcionários mais extrovertidos, mesmo que entregassem menos resultados. Essa situação fez João questionar a si mesmo a ponto de ele começar a duvidar se era bom o suficiente. Somente mais tarde, ao buscar ajuda terapêutica, ele conseguiu entender como essa questão o fazia se sentir invisível e desvalorizado.

Injustiças vividas, em especial na infância e adolescência, não desaparecem com o tempo e ainda tendem a gerar revolta, isolamento ou até problemas de saúde. Pessoas que nunca se sentiram ouvidas costumam sentir dificuldade em estabelecer limites ou dizer “não”. Outras buscam validação de forma excessiva no trabalho ou em redes sociais e, em alguns casos, adotam padrões como perfeccionismo exacerbado ou submetem-se a relacionamentos tóxicos. Apesar de tudo, uma coisa é certa; precisamos nos lembrar de que somos muito mais do que as injustiças que sofremos. A vida pode ser pesada às vezes, mas, ainda assim, ela nos dá oportunidades de recomeçar. E, pouco a pouco, podemos converter o peso do passado em força para moldar um futuro melhor.

Traumas e suas consequências

Traumas não resolvidos nos transformam em verdadeiros escapistas emocionais. É como se tivéssemos um radar interno, pronto para detectar qualquer sinal de proximidade e, ao menor indício de perigo, ativássemos o modo “fuga”. Contudo, as consequências não param por aí. Sob o peso dessas questões, nossa mente pode se transformar em um parque de diversões do terror. A ansiedade nos coloca em uma montanha-russa que nunca desacelera, cheia de altos e baixos, a depressão nos prende na casa dos espelhos distorcidos, onde tudo o que enxergamos parece errado ou confuso, e as fobias nos fazem evitar até o inofensivo carrossel.

Ninguém merece viver em um estado de fuga ou medo assim e, graças a Deus, nem tudo se resume a más notícias. É possível, sim, desativar o infame radar e ter uma vida que volte a girar no ritmo certo. Em Números 23.19, lemos que o Senhor "não é homem para que minta", e na Bíblia, que é inspirada por ele (cf. 2Timóteo 3.16), encontramos esperança para a cura de qualquer trauma. 1Pedro 5.7, por exemplo, encoraja-nos a lançar sobre Deus nossa ansiedade. Sabe por quê? Porque ele cuida de nós. Lembre-se, "só ele cura os de coração quebrantado e cuida das suas feridas" (Salmos 147.3).

Carregar traumas não resolvidos é como tentar correr uma maratona com um par de tênis cheio de pedras. A cada passo, a jornada se torna mais difícil e dolorosa. Buscar ajuda, seja por meio da terapia, da fé ou de ambas, é crucial para remover as pedras de dentro dos nossos tênis. Não foi Jesus quem disse, em Mateus 11.28, "Venham a mim, todos os que estão cansados e sobrecarregados, e eu darei descanso a vocês"? Ou seja, "venham". Se Cristo entendeu que, às vezes, o peso da vida pode ser demais, por que insistiríamos em carregar tudo sozinhos? Reconhecer que precisamos de ajuda não é sinal de fraqueza, mas de coragem. Com um pouco de humor, paciência e fé, é possível transformar feridas em cicatrizes que contam histórias de superação.

"GRAÇAS A DEUS, NEM TUDO SE RESUME A MÁS NOTÍCIAS".

Atividade terapêutica

Autoavaliação de traumas e gatilhos emocionais

Instruções:

Leia cada afirmação abaixo e reflita sobre como ela se aplica à sua experiência pessoal. Utilize a seguinte escala para pontuar cada item:

- **0** – Nunca
- **1** – Raramente
- **2** – Às vezes
- **3** – Frequentemente
- **4** – Sempre

Após pontuar todas as afirmações, some os números para obter uma pontuação total. Então, interprete o valor total de acordo com as orientações fornecidas após a tabela.

Tabela de autoavaliação de traumas e gatilhos emocionais

Afirmação	Pontuação (0-4)
Relacionamentos	
1. Evito me aproximar emocionalmente das pessoas por medo de ser magoado.	
2. Percebo que escolho parceiros(as) que não me tratam bem ou estão emocionalmente indisponíveis.	
3. Sinto dificuldade em confiar nos outros.	

Afirmação	Pontuação (0-4)
Saúde Mental	
4. Experimento sentimentos frequentes de ansiedade sem motivo aparente.	
5. Tenho períodos de tristeza profunda que interferem nas minhas atividades diárias.	
6. Evito situações ou lugares por medo.	
Carreira	
7. Procrastino tarefas importantes, mesmo sabendo das consequências negativas.	
8. Sinto que saboto minhas próprias chances de sucesso no trabalho.	
9. Tenho medo de assumir novos desafios ou responsabilidades profissionais.	
Saúde Física	
10. Tenho dificuldade para dormir ou manter um sono contínuo.	
11. Sofro de dores físicas sem causa médica identificada.	
12. Fico doente com frequência, especialmente em momentos de estresse.	

Interpretação da pontuação total:

- **0-12 pontos:** Baixo impacto de traumas não resolvidos.
- **13-24 pontos:** Impacto moderado. É recomendável pensar em estratégias para lidar com a situação e, se necessário, buscar ajuda profissional.
- **25-36 pontos:** Alto impacto. É aconselhável procurar ajuda de um profissional para abordar esses traumas.

Lembre-se de que essa ferramenta é apenas um ponto de partida para uma reflexão pessoal. A orientação de um profissional pode oferecer insights mais detalhados e caminhos mais eficazes para a cura. Após concluir a autoavaliação dos traumas e gatilhos emocionais, aprofunde-se no autoconhecimento como uma forma de promover a cura e o bem-estar. Para isso, utilizaremos novamente a escrita terapêutica para identificar e processar emoções e experiências difíceis.

Atividade de escrita terapêutica:

1. **Preparação:**

- Encontre um lugar tranquilo, onde você não seja interrompido.
- Tenha à mão papel e caneta ou use um dispositivo eletrônico para escrever.

2. **Instruções:**

- **Identificação de emoções**.
  Revise as afirmações da sua autoavaliação e identifique aquelas que receberam as pontuações mais altas. Para cada uma, escreva sobre as emoções que surgem ao refletir sobre essas situações. Por exemplo, se a afirmação "Sinto dificuldade em confiar nos outros" teve uma pontuação alta, descreva momentos específicos que contribuíram para esse sentimento e explore as emoções associadas à questão. Se desejar, você pode escrever a seguir:

- **Explorando gatilhos.**
  Para cada emoção identificada, reflita sobre os gatilhos ou situações que possivelmente as desencadeiam. Escreva sobre experiências passadas que possam estar na raiz dessas reações emocionais.

- **Processamento e resolução.**
  Após identificar tais emoções e gatilhos, escreva sobre como essas experiências afetaram sua vida até o momento e, também, sobre como gostaria de lidar com elas no futuro. Considere estratégias práticas que possam ajudá-lo(a) a superar esses desafios emocionais.

3. **Duração:**

- Dedique pelo menos 20 minutos todos os dias a essa prática, durante uma semana. A consistência é crucial para obter bons *insights*.

4. **Reflexão final:**

- No final da semana, releia o que escreveu e procure identificar padrões ou temas que se repetem. Isso pode trazer clareza sobre as áreas específicas que precisam de atenção ou suporte profissional.

Lembre-se de que essa atividade é uma ferramenta complementar. Se, durante o processo, emoções intensas surgirem, é recomendável buscar o apoio de um profissional, que poderá orientá-lo de forma segura e adequada.

"RECONHECER QUE PRECISAMOS DE AJUDA NÃO É SINAL DE FRAQUEZA, MAS DE CORAGEM".

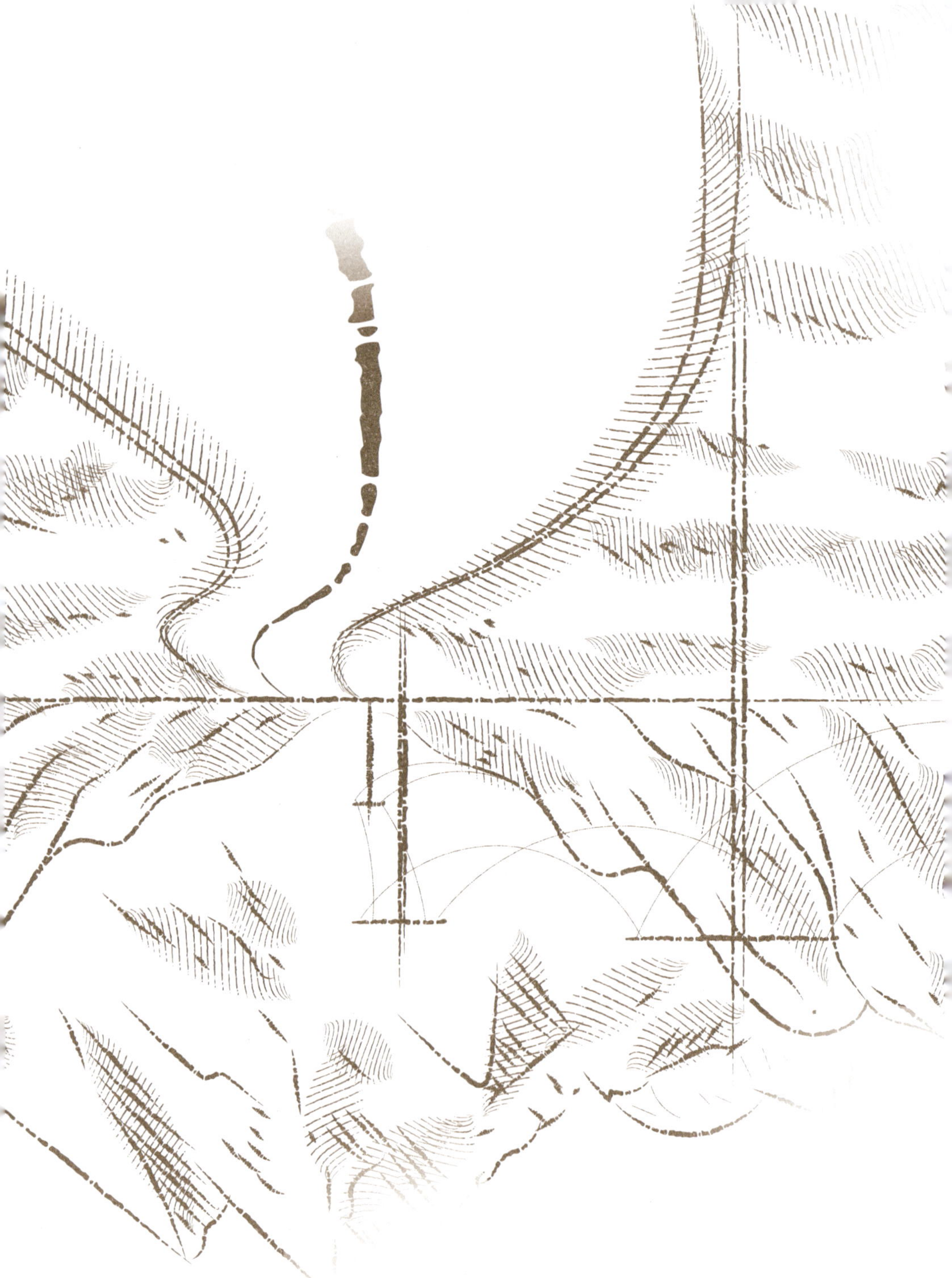

Capítulo 7

POR QUE OS TRAUMAS PRECISAM SER RESSIGNIFICADOS E COMO FAZER ISSO

"Ressignificar não é apagar o passado, mas aprender a olhar para ele sem que possa nos paralisar".

Você já tentou andar rápido com uma mochila pesada nas costas? Não é fácil, certo? O curioso é que os objetos que pesam a mochila não entraram nela por conta própria. Foram colocados por situações, pessoas e escolhas que você fez e nem tenha percebido na hora. Agora, o segredo para uma vida mais leve não é jogar a mochila fora – isso seria negar quem você é –, mas abri-la, examinar o que há dentro e decidir o que precisa ficar e o que pode ser descartado. Esse processo de ressignificação é libertador, mas exige força, disposição e, acima de tudo, amor-próprio.

Ressignificar denota mudar a maneira como enxergamos nossas experiências. É como aplicar um filtro em uma foto. A imagem é a mesma, mas o efeito pode suavizar contrastes, destacar nuances ou alterar a paleta de cores. Não se trata de negar traumas, nem fingir que nada aconteceu, mas reconhecer o que aconteceu, encarar as feridas e dar um novo significado à dor, para que ela seja uma parte da nossa história, em vez de nossa definição.

"Sem ressignificação, os traumas se tornam âncoras que nos prendem ao passado".

Imagine viver a vida como um barco que nunca sai do porto, preso por uma âncora invisível. Traumas não tratados funcionam dessa maneira: eles nos mantêm estagnados e limitam nossa capacidade de confiar, amar e nos lançar ao desconhecido. Por mais que o horizonte esteja à vista, não saímos do lugar. Ressignificar é justamente o ato de soltar a âncora e permitir que o barco da nossa vida finalmente zarpe rumo a novos destinos. Como disse Carl Jung: "Até você tornar o inconsciente consciente, ele dirigirá sua vida, e você o chamará de destino"[1]. Ou seja, tudo o que não enfrentamos exerce domínio sobre nós.

Mas como é possível ressignificar traumas? Antes de qualquer coisa, *reconheça a questão*. Muitas vezes, negamos ou minimizamos a dor na tentativa de nos proteger, mas essa postura só prolonga o sofrimento. Admitir que certas memórias ainda machucam não é sinônimo de fragilidade. Reconheça o que você sente e entenda que isso não é o mesmo que se conformar; é abrir espaço para uma transformação.

O próximo passo é *acolher a dor*. Em outras palavras, permitir-se sentir aquilo que foi ignorado ou reprimido. Acolher não significa se

---

[1] Frase comumente atribuída a Carl Jung. Contudo, não há registro literal desse enunciado em textos do psiquiatra suíço. Especialistas em Jung consideram que a ideia nela contida está alinhada ao pensamento junguiano, porém se trata de uma paráfrase ou síntese popular de conceitos da psicologia analítica, não de uma citação textual.

apegar ao sofrimento, mas deixar que a dor exista sem dominá-lo ou defini-lo. Não se esqueça do que está escrito em Lamentações 3.21: "Todavia, lembro-me também do que pode me dar esperança". Revisitar memórias difíceis é como limpar um ferimento, dói no momento, mas é necessário para que o machucado cicatrize.

Após reconhecer e acolher sua dor, você precisará *reinterpretar a experiência vivida*. Procure entender o que pode aprender com a situação. Como diz a frase popular: "Transforme feridas em cicatrizes e cicatrizes em histórias". Então, *substitua qualquer crença limitante que nasceu do trauma por um pensamento positivo*. Muitas vezes, o diálogo interno é repleto de frases como "Não sou capaz" ou "Nunca conseguirei nada". Essas percepções são um reflexo de medos e inseguranças que o trauma deixou para trás, não da realidade. Em vez de se deixar levar por pensamentos assim, acredite que você é forte e, talvez o mais importante, troque a frase "Não mereço ser feliz" por "Mereço uma vida cheia de alegria e propósito".

Lembro-me, por exemplo, do caso de uma paciente chamada Júlia, que, aos 40 anos, ainda não havia se casado. Ela vivia dizendo que não tinha sorte no amor e, durante uma sessão de terapia, descobrimos que essa questão tinha raízes em algo que havia acontecido em sua adolescência. Na época, um garoto de quem ela gostava disse, na frente de todos, que ela era feia demais para ser namorada de alguém.

Esse episódio marcou Júlia e a fez evitar se abrir para o amor por medo de sofrer uma rejeição parecida. Durante seu processo de ressignificação, ela conseguiu entender que o comentário daquele garoto dizia mais sobre ele do que sobre ela. Júlia conseguiu, então, trocar a crença de que não era boa o suficiente pela certeza de que merecia ser amada por quem era. Hoje, ela vive um relacionamento saudável e feliz. Percebeu como pequenas mudanças em nosso diálogo interno podem abrir grandes portas para o futuro?

Para terminar, não se esqueça de *perdoar* e *buscar ajuda*, duas questões importantes no processo. Como já mencionei outras vezes, perdoar não é sinônimo de esquecer ou minimizar o ocorrido, mas sim libertar-se do peso que a mágoa impõe sobre você. Lembre-se da oração que Jesus nos ensinou: “Perdoa as nossas dívidas, assim como perdoamos aos nossos devedores” (Mateus 6.12). Vale ressaltar que o perdão também deve ser estendido a nós mesmos. Às vezes, acabamos nos culpando por não termos percebido algo ou por termos permitido que certas situações acontecessem. Porém, o passado não pode ser reescrito, apenas redimido. Perdoar é, portanto, um compromisso de não permitir que as dores de ontem determinem as escolhas de hoje.

Quanto à ajuda, costumo sempre dizer que o processo de ressignificação não é algo que precisa, nem deve, ser enfrentado sozinho. Compartilhar suas experiências com pessoas de confiança – amigos próximos, líderes espirituais ou um terapeuta – pode fazer toda a diferença. Não carregue seus fardos sozinho, permita-se buscar ajuda e encontrar na troca com o outro a força e clareza necessárias para seguir em frente.

Ressignificar é como olhar para uma rachadura em um vaso e perceber que, mesmo assim, o objeto ainda pode conter flores. Lembra-se da frase “Não sou o que aconteceu comigo, sou o que escolho me tornar”? Pois é, a escolha sempre estará em nossas mãos. Portanto, decida soltar a âncora e navegar pelo mar da vida, onde novos horizontes estarão à sua espera. Se tudo der errado ou você se sentir perdido, não se desespere, até os ventos contrários podem ajudar a ajustar as velas e levar o barco na direção certa.

Atividade terapêutica

O diário da ressignificação

Objetivo: identificar traumas, reavaliar crenças e criar novos significados.

1º passo: escreva sobre o trauma

- O que aconteceu?

- Como isso fez você se sentir?

- Que crenças negativas você desenvolveu por conta disso?

2º passo: reflita sobre o impacto

- Como esse trauma afeta sua vida hoje?

- Quais padrões ou comportamentos surgiram a partir disso?

3º passo: substitua a crença limitante

- Antes você acreditava que:

- Mas hoje escolhe acreditar que:

4º passo: ação prática

Escreva algo que você pode fazer hoje para começar a se livrar desse trauma.

Exemplo:

- Trauma: “Fui demitido injustamente”.
- Crença limitante: “Nunca sou bom o suficiente no trabalho”.
- Nova crença: “Tenho valor, independentemente do que outros pensam sobre mim”.
- Ação prática: atualizar meu currículo e começar a procurar por novas oportunidades de emprego.

Reflexão final:

Em Filipenses 3.13, está escrito: “[...] esquecendo-me das coisas que ficaram para trás e avançando para as que estão adiante”. Ressignificar não é esquecer, mas enxergar o passado sob uma nova perspectiva. Trata-se de transformar feridas em sabedoria, mágoas em aprendizado e traumas em degraus para uma vida mais plena.

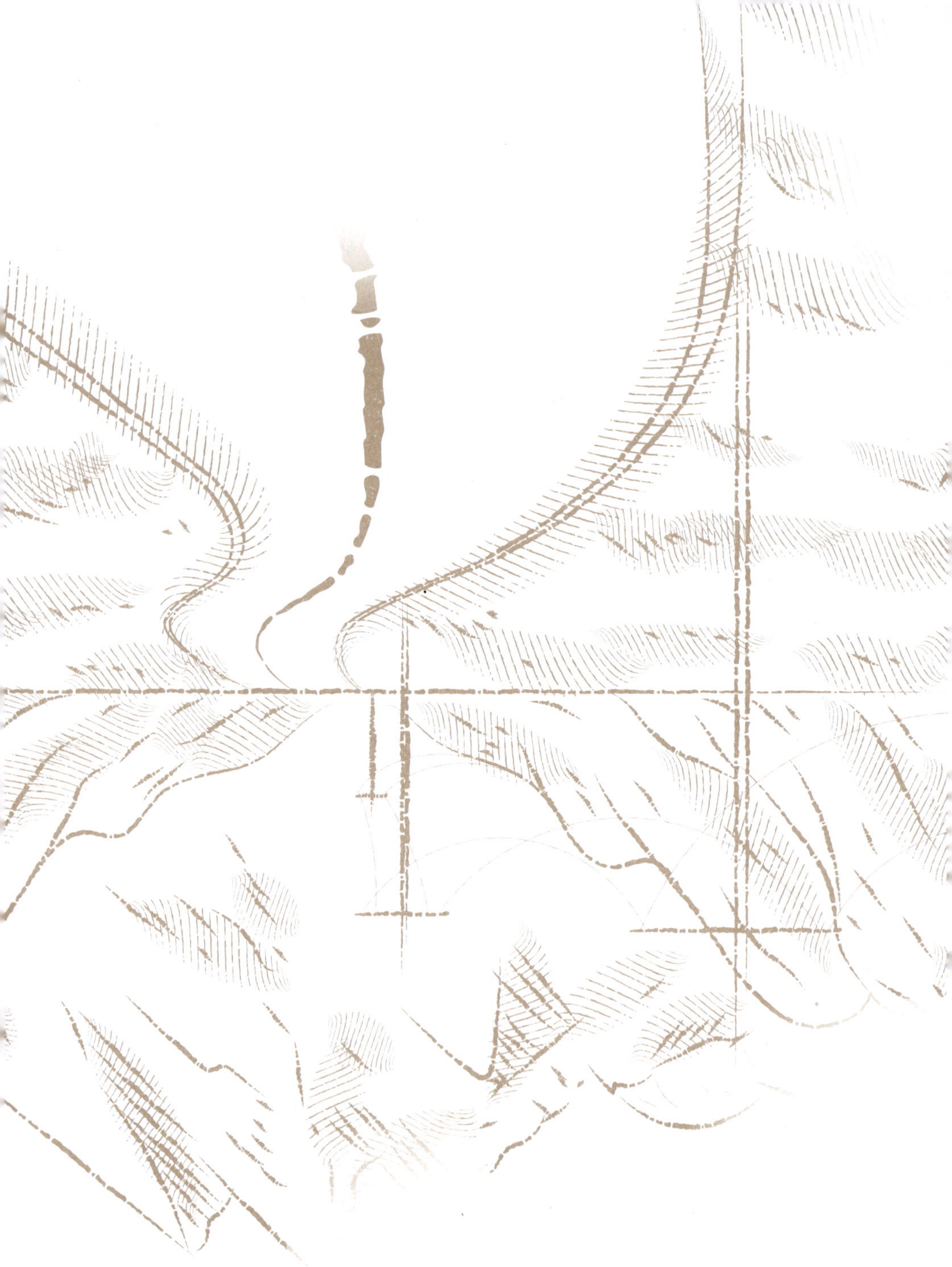

Capítulo 8

UMA HISTÓRIA QUE INSPIROU UM FILME

Caminhos de esperança

"Às vezes, precisamos nos perder para descobrir quem realmente somos – e, em meio à busca, ensinar os outros o verdadeiro significado do amor".

Imagine-se sentado comigo no sofá, enquanto, em minha versão terapeuta, analiso as questões emocionais de meus pacientes com uma abordagem psicanalítica única – o método *Ciência e fé (espiritualidade)* –, desenvolvida para integrar conceitos terapêuticos com a espiritualidade cristã. Hoje, contarei uma história que mistura desafios, traumas e um desfecho surpreendente. Falaremos sobre Lucas, um jovem neurodivergente, e sua família: Clara, a mãe que carregava muitas angústias; Eduardo, o pai que lutava para encontrar equilíbrio entre dúvidas e responsabilidades; e Gabriela, a irmã que transformou a dor em um propósito maior.

Desde pequeno, Lucas demonstrava ter um olhar diferente sobre o mundo, como se enxergasse além do que os outros conseguiam ver. Ele não suportava sons altos, tinha dificuldade para lidar com mudanças na rotina e se dedicava de maneira obsessiva a suas paixões. Gabriela enxergava no irmão algo especial; a mãe, no entanto, via o filho como um desafio. "Por que ele não pode ser normal como os outros?", ela desabafava, enquanto o amor que sentia pelo menino travava uma batalha silenciosa contra a frustração que a acompanhava.

Lucas era uma criança curiosa, que parecia ter um universo próprio. Fazia perguntas incessantes, questionava tudo à sua volta e preferia ficar sozinho a se misturar com outras crianças. Eduardo, o pai, tentava apaziguar os ânimos, mas, no fundo, também se sentia confuso e impotente diante das necessidades do filho. Por vezes, a sensação de inadequação como pai o abalava, como se estivesse sempre um passo atrás, tentando compreender um mundo que não era o seu. Em meio a tudo isso, Gabriela tentava ser uma ponte entre Lucas e a família, sempre o defendendo de julgamentos e enxergando além de suas diferenças.

Com o passar dos anos, os desafios só se intensificaram. Na escola, Lucas tornou-se um alvo constante de bullying. Colegas ridicularizavam seu jeito de ser, o que reforçava sua sensação de inadequação. O peso dessas circunstâncias prejudicou a saúde emocional de Lucas

"DEUS CONHECE CADA CORAÇÃO DE UMA FORMA QUE TRANSCENDE O ENTENDIMENTO HUMANO".

e o levou a desenvolver fobia social. Como resultado, ele passou a se afastar ainda mais de qualquer interação social.

Foi em um dia como qualquer outro que tudo mudou. Após uma discussão com sua mãe, Lucas arrumou a mochila e desapareceu. Ao perceber que o irmão não estava em casa, Gabriela correu pelos cômodos, chamando por ele, mas tudo o que encontrou foi o quarto assustadoramente organizado. A princípio, Clara tentou minimizar a situação. "Ele só quer chamar atenção", ela disse, enquanto tentava seguir com sua rotina. Eduardo entrou em pânico, e Gabriela, sem esperar por consenso, decidiu ir sozinha à delegacia.

Junto com a mobilização policial, veio à tona um medo avassalador: a possibilidade de autoextermínio, e a situação gerou uma ruptura na família. Clara refugiou-se na negação, repetindo para si mesma que havia feito tudo o que era possível. "Ele precisava ser mais forte", ela dizia, como se as palavras pudessem aliviar o peso da culpa que a consumia. Eduardo, antes o porto seguro da casa, começou a desmoronar. O homem que sempre tentava apaziguar os conflitos agora se sentia perdido. A tensão cresceu tanto entre ele e Clara que o casamento dos dois ficou à beira do colapso. Gabriela, por outro lado, tentou buscar forças em algo maior para suportar a ausência do irmão.

Dias depois, ela encontrou uma pista que Lucas havia deixado, uma carta em uma pedra, perto de uma cachoeira onde costumavam brincar na infância. Ao desdobrar o papel, leu as palavras do irmão: "Estou cansado de não pertencer. Preciso encontrar um lugar onde eu caiba. Talvez vocês não entendam, mas preciso de paz". Para Clara, a carta parecia uma sentença de condenação, um lembrete de suas falhas como mãe. Já para Gabriela, o que o irmão havia escrito era um grito de socorro.

De qualquer forma, a carta não trouxe respostas, apenas aprofundou a crise familiar. Clara começou a questionar tudo em que acreditava. "Por que Deus permitiu que meu filho viesse ao mundo daquele jeito? O que eu fiz de errado?", ela perguntava a si mesma. Com o tempo, esses sentimentos a afastaram da fé, deixando-a à deriva em um mar de dúvidas. Eduardo tornou-se cada vez mais introspectivo devido à culpa que sentia. Cada dia parecia empurrá-lo mais para dentro de si.

Diferentemente do pai e da mãe, Gabriela conseguiu encontrar uma saída. Decidiu buscar ajuda e descobriu na terapia um refúgio. Durante nossas sessões, começamos a usar a escrita como uma forma de canalizar sua dor e manter viva a esperança de um reencontro com o irmão. Assim, Gabriela começou a escrever. Cada frase era como abrir uma gaveta repleta de memórias – as peculiaridades de Lucas que a faziam sorrir, os momentos que haviam compartilhado. Transformar as lembranças em palavras era um jeito de manter Lucas presente em sua vida, apesar da ausência do irmão.

Essa história trata de um tema sensível, muitas vezes abordado de maneira superficial: o suicídio. Antes de qualquer coisa, é importante lembrar que cada caso é um caso. Certas pessoas encontram-se em um estado de saúde tão debilitado que são incapazes de tomar decisões racionais. Não conseguem ter clareza por estarem em um estado de sofrimento extremo. Da mesma forma, existem circunstâncias em que condições como neurodivergência ou transtornos de personalidade aumentam a probabilidade de pensamentos de autoextermínio.

Pessoas que sofrem rejeição o tempo todo ou são vítimas de bullying sentem-se excluídas do mundo e, em momentos de desespero, podem enxergar a saída como a única solução para aliviar a dor. Devemos nos lembrar também de que Deus conhece cada coração de uma forma que transcende o entendimento humano, além de não julgar como os homens julgam. Existem laudos médicos que descrevem estados de incapacidade emocional atestando que a pessoa não tinha plena consciência de seu ato. E, acima de tudo, não há como saber qual foi o diálogo final da pessoa com o Senhor antes de sua partida.

Enfim, em um de nossos atendimentos, disse a Gabriela: "Quem pode afirmar para onde uma alma vai? Só Deus tem esse conhecimento.

Nosso papel nunca é julgar, mas acolher. Acredito que no céu teremos muitas surpresas". Não devemos ser insensíveis com a dor de uma família fragilizada. Diante de uma circunstância como essa, o que menos precisamos é de julgamentos. Nosso dever é oferecer amor, empatia e cuidado. Como bem expressa o salmista: " O Senhor está perto dos que têm o coração quebrantado e salva os de espírito abatido" (Salmos 34.1).

No final, Lucas reapareceu depois de um ano sumido, para surpresa de todos que acreditavam tê-lo perdido para sempre. Ao encontrar sua família, ele disse algo que marcou a todos: "Vocês precisaram me perder para que eu pudesse descobrir quem sou. Agora, estamos juntos novamente como família". Sua história nos ensina que a dor, embora devastadora em certos momentos, não precisa ser um ponto final. Pelo contrário, ela pode ser o início de uma jornada de cura, empatia e propósito. Como o profeta Isaías escreveu que o Senhor daria a todos os que choram uma bela coroa em vez de cinzas, o óleo da alegria em vez de pranto e um manto de louvor em vez de espírito deprimido (Isaías 61.3). Até mesmo os fragmentos mais quebrados podem se tornar um mosaico deslumbrante quando colocados nas mãos do amor e da fé.

Sem dúvidas, a vida é tecida com fios de dor, esperança e mistério. Em meio às incertezas, é reconfortante saber que existe um Deus que nos vê por completo e nos acolhe com um amor que supera qualquer julgamento humano. Novamente, buscar ajuda não é sinal de fraqueza, mas de coragem. A terapia, longe de ser um recurso alheio à fé, é uma ferramenta divina que a complementa. Afinal, somos três em um, não só corpo e espírito, mas alma também. O mais importante é aprendermos a acolher a nós mesmos e aos outros com o mesmo amor que recebemos do Pai: um amor que entende e transforma.

"A verdadeira cura começa quando decidimos olhar além das diferenças, acolher com amor e acreditar que sempre há esperança para um recomeço".

Atividade terapêutica

Memórias que curam

Pegue um caderno e escreva:

1. Uma memória com alguém que marcou sua vida de maneira negativa.

2. Quais sentimentos essa memória desperta em você?

3. O que você gostaria de dizer a essa pessoa hoje?
Essa prática ajuda a identificar emoções reprimidas e a ressignificar experiências.

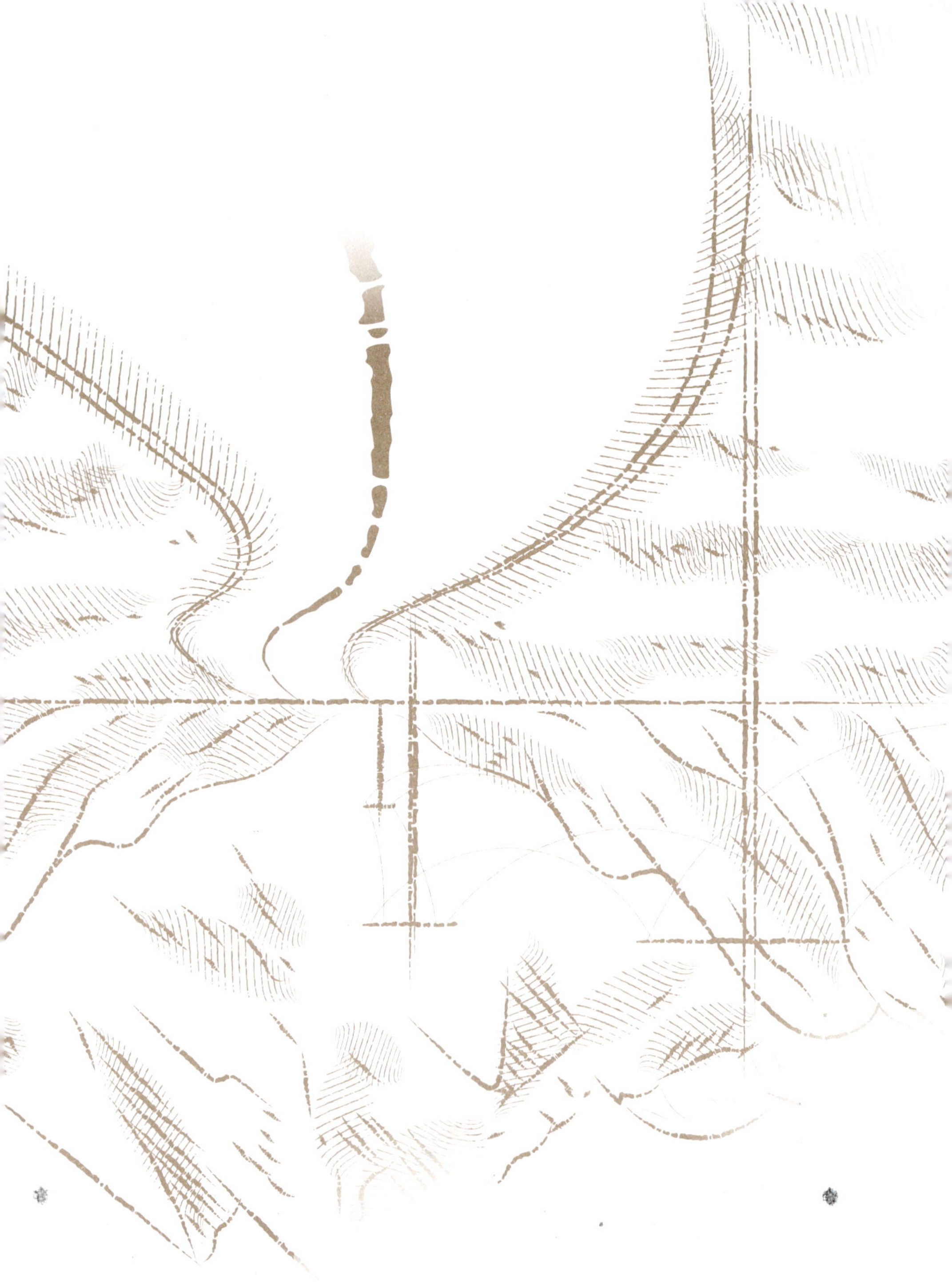

CONCLUSÃO

De cicatrizes a caminhos de esperança

"Esqueça o que paralisa você. Traga à memória o que o impulsiona. Porque a vida não é definida pelo que acontece conosco, mas pelo que escolhemos fazer com isso".

Imagine que você está na estrada da sua vida. A jornada até aqui pode ter sido cheia de buracos, curvas perigosas e, quem sabe, até algumas quedas. Mas agora é o momento de parar e fazer uma manutenção. Abasteça sua alma com esperança, ajuste as peças que estão quebradas e se prepare para seguir adiante. A diferença entre uma vida de sofrimento e uma de superação está em como você escolhe se posicionar, *e essa escolha é sua.*

Todos temos histórias, e algumas são mais pesadas do que outras. No entanto, não é o peso que nos define, mas o que fazemos com a questão. Transformar nossas feridas em cicatrizes que contam histórias de superação é um ato de coragem e fé. Deus nos dá o exemplo: ele é o Alfa e o Ômega, o Princípio e o Fim (cf. Apocalipse 22.13), mas nos convida a viver no presente, a construir nossa trajetória com os recursos que ele nos dá. O Senhor nos chama para sermos fortes, determinados e, acima de tudo, posicionados.

Quero compartilhar algo pessoal com você, como se estivéssemos conversando, cara a cara. Minha vida nunca foi um mar de rosas. Desde cedo, sofri críticas, lidei com a rejeição e passei por situações que poderiam ter me paralisado para sempre. Na infância, fui Olívia Palito, o Esqueleto Humano, e as palavras que eram ditas em tom de brincadeira afetavam minha autoestima. Cresci em uma família que, apesar de funcional dentro das possibilidades, era cheia de limitações. Meus pais deram o melhor de si com as ferramentas que tinham, mas nem sempre isso era suficiente.

Aos 14 anos, fui convidada para ser modelo. Parecia o sonho perfeito, mas a verdade é que me afundei ainda mais em tristeza e solidão. Aos 17 anos, alcancei o fundo do poço emocional. Depressão, solidão, crises existenciais e até mesmo tentativas de tirar minha própria vida marcaram o período. Foi também aos 17 anos que tive um encontro com Deus. Pela primeira vez, senti uma alegria que não dependia das circunstâncias ao meu redor.

Decidi que minha história não terminaria ali. Então, comecei a reconstruir minha vida, mas esse processo não aconteceu da noite para o dia. Minha decisão de me converter ao cristianismo gerou ainda mais rejeição. Amigos começaram a se afastar e familiares criticaram minha nova postura. Foi doloroso; contudo, isso só me ensinou que o que não é plantado dificilmente pode ser colhido. Assim, aprendi a caminhar sozinha e a ser resiliente.

Casei-me jovem, determinada a construir uma base familiar sólida. Contudo, os desafios não pararam. Dois abortos espontâneos e a perda de uma filha recém-nascida, que caiu dos braços de uma enfermeira, testaram minha fé de formas que jamais imaginaria. Tinha duas opções: afundar-me na dor ou transformar essas experiências em aprendizado. Escolhi a segunda, e usei cada lágrima para criar degraus que me levariam para cima.

Comecei a estudar, para aprender formas de entender e ajudar outros que passavam pelas mesmas dores. A vida, então, trouxe mais desafios. Fui vítima de líderes religiosos abusivos, fui traída por pessoas próximas, perdi amizades, tive prejuízos financeiros, conflitos familiares e até sofri acidentes de carro. Mas, acima de tudo isso, escolhi não deixar que essas situações roubassem minha alegria.

A maior lição que aprendi é que Deus nos dá forças para transformar a dor em propósito. Minhas cicatrizes são agora marcas de um ministério que abençoa outras vidas. Portanto, sou uma prova viva de que a cura começa quando você decide lembrar o que fortalece você e deixar para trás o que o paralisa. Não é sobre esquecer o que aconteceu, mas ressignificar. Assim como eu, você também pode pegar as pedras que a vida dá e usá-las para construir uma escada rumo a um destino.

> "Deus não nos chama para sermos vítimas da vida,
> mas protagonistas da nossa história".

Vivemos em uma sociedade que julga rapidamente e ama com morosidade, mas Deus nos chama para um caminho diferente. O primeiro e mais importante mandamento é amar o Senhor de todo o coração, alma, entendimento e força (cf. Marcos 12.30; Deuteronômio 6.5). Em outras palavras, desenvolver uma vida íntima com ele – um relacionamento profundo no qual você e ele caminham juntos. É nessa conexão que aprendemos a nos enxergar como ele nos vê: uma pessoa com valor, propósito e capacidade de superar qualquer obstáculo.

O segundo mandamento é igualmente poderoso: "[...] Ame o seu próximo como a si mesmo [...]" (Marcos 12.31). Mas como podemos amar o próximo sem antes nos amarmos? Amar a si mesmo é reconhecer suas dores e conquistas, aceitar sua história e trabalhar sua espiritualidade. É ser empático consigo mesmo, perdoar-se, acreditar em seu potencial e nunca esquecer que Deus habita em você. E se ele está em você, como diz a Palavra, você pode tudo naquele que o fortalece (cf. Filipenses 4.13).

Amar ao próximo não significa aceitar tudo ou caminhar ao lado de todo mundo. Existem pessoas com quem é impossível ter paz. Ainda assim, amar implica decidir fazer o bem sempre que estiver ao nosso alcance. Como ouvi uma vez: "Prefiro amar do que odiar. Prefiro oferecer perdão do que precisar dele". No final, amar reflete quem Deus é em nós. Ao amarmos a Deus, aprendemos a nos amar, e isso nos capacita a amar os outros. Não porque merecem, mas porque é o que o Senhor nos pede. Afinal, é plantando boas sementes que colhemos frutos de paz, alegria e vida abundante.

Ao final de tudo, o que você quer deixar para o mundo? Sua história não precisa ser perfeita para ser significativa. Gabriela, no capítulo anterior, mostrou-nos como suas memórias com o irmão foram transformadas em um filme que impactará vidas. Da dor, ela gerou um legado de esperança, e o Senhor nos convida a fazermos o mesmo. Ele nos dá as ferramentas – seja a fé, uma profissão, o apoio de amigos – para transformarmos nossos cacos em vitrais. Assim, o que parecia ser apenas sofrimento pode se tornar uma obra-prima que ajuda outros.

Agora, finalizaremos com um *gran finale*, uma atividade de "Ensaio mental". Quero chamar esse momento de *Chegou a hora de deixar a caneta em sua mão*. Escolha um ambiente a sós com o Criador e coloque uma música instrumental para tocar. Feche os olhos e permita-se revisitar uma situação dolorosa do passado. Visualize, então, uma caneta – ela simboliza sua vida. Imagine-se segurando-a com firmeza e comece a escrever uma nova história. Decida o que deixar para trás e o que deseja levar adiante. Lembre-se, esse papel é seu, ninguém fará isso por você. Quando estiver pronto, abra os olhos e sinta o poder da sua escolha.

Um novo capítulo, uma nova jornada

Hoje, você é convidado a deixar para trás tudo o que o paralisa e trazer à memória o que o impulsiona. Não importa quão árdua tenha sido sua jornada até aqui, você pode escolher se posicionar, reescrever sua história e deixar um legado. Deus está ao seu lado, pronto para guiá-lo pelas veredas da justiça. Ele nunca o deixará sozinho e, com ele, você pode transformar cada passo seu em uma jornada de esperança.

Não importa quão distante você esteja de casa, sempre há um caminho de volta, que começa com sua escolha de acreditar. Sua história, com todas as feridas, é o solo fértil em que novos começos podem florescer. Deus tem o poder de transformar cacos em mosaicos. Ele não apenas restaura, mas usa nossas cicatrizes para gerar algo belo e cheio de propósito. Por isso, segure firme sua caneta e escreva um final que valha a pena ser vivido. Deus é especialista em tornar cacos em obras de arte e sobras em histórias de superação.

A vida é uma jornada repleta de obstáculos e aprendizados, um quebra-cabeça cujas peças nem sempre se encaixam como planejamos. Alguns fragmentos parecem perdidos ou quebrados, enquanto outros machucam quando tentamos ajustá-los. Ainda assim, como uma colcha de retalhos, é possível costurar os pedaços com amor, paciência e ressignificação. O que importa não é quão imperfeita é a costura ou quantas emendas são necessárias, mas a história que cada retalho carrega e a beleza que surge ao unirmos todas as partes.

Permita-me compartilhar mais uma coisa sobre mim. Considero-me uma mulher de sucesso – não porque tudo deu certo em minha vida, mas porque escolhi recomeçar tantas vezes quanto foi necessário. Como você já sabe, sou terapeuta, psicanalista clínica, doutora em sexualidade, escritora de várias obras e criadora de uma metodologia psicanalítica. Fundar uma escola terapêutica foi um dos meus maiores desafios e é uma das minhas maiores realizações. Também escrevo e produzo filmes e séries baseados em minhas experiências como terapeuta.

Sou casada há mais de 30 anos e mãe de seis filhos: três que estão vivos e três – ou quatro, já que uma gestação era gemelar – que perdi. Cada perda e dor foi um fragmento que precisei ressignificar. Ainda sou alvo de fofocas e perseguições, e sei que talvez as coisas piorem; afinal, só leva pedrada árvore que dá frutos. Mas sabe de uma coisa? Nem por isso a vida perde a sua beleza.

Minha história é uma prova de como a ressignificação nos permite superar obstáculos. Como Paulo escreveu em Filipenses 3.13: "[...] esquecendo-me das coisas que ficaram para trás e avançando para as que estão adiante". É exatamente isso que faço: *eu prossigo*. Se você, após ler este livro, sente que sua bagagem está pesada demais, quero que saiba que você não está sozinho. Decida o que precisa ser deixado para trás – culpas, mágoas e medos – e guarde apenas o que alimenta sua alma: esperança, fé e gratidão.

A vida é uma jornada de esperança, e gostaria de dizer a você que a caminhada é feita com fé, amor, empatia, alegria, resiliência e bom ânimo. Não importa quantas vezes você precise recomeçar; o que importa é não desistir. Portanto, escolha ser sua melhor versão e olhar para os fragmentos da sua história como a matéria-prima de uma obra que só você pode criar. O caminho para dias melhores começa com um passo, e posso garantir: vale a pena.

Com amor,
Angela Sirino.

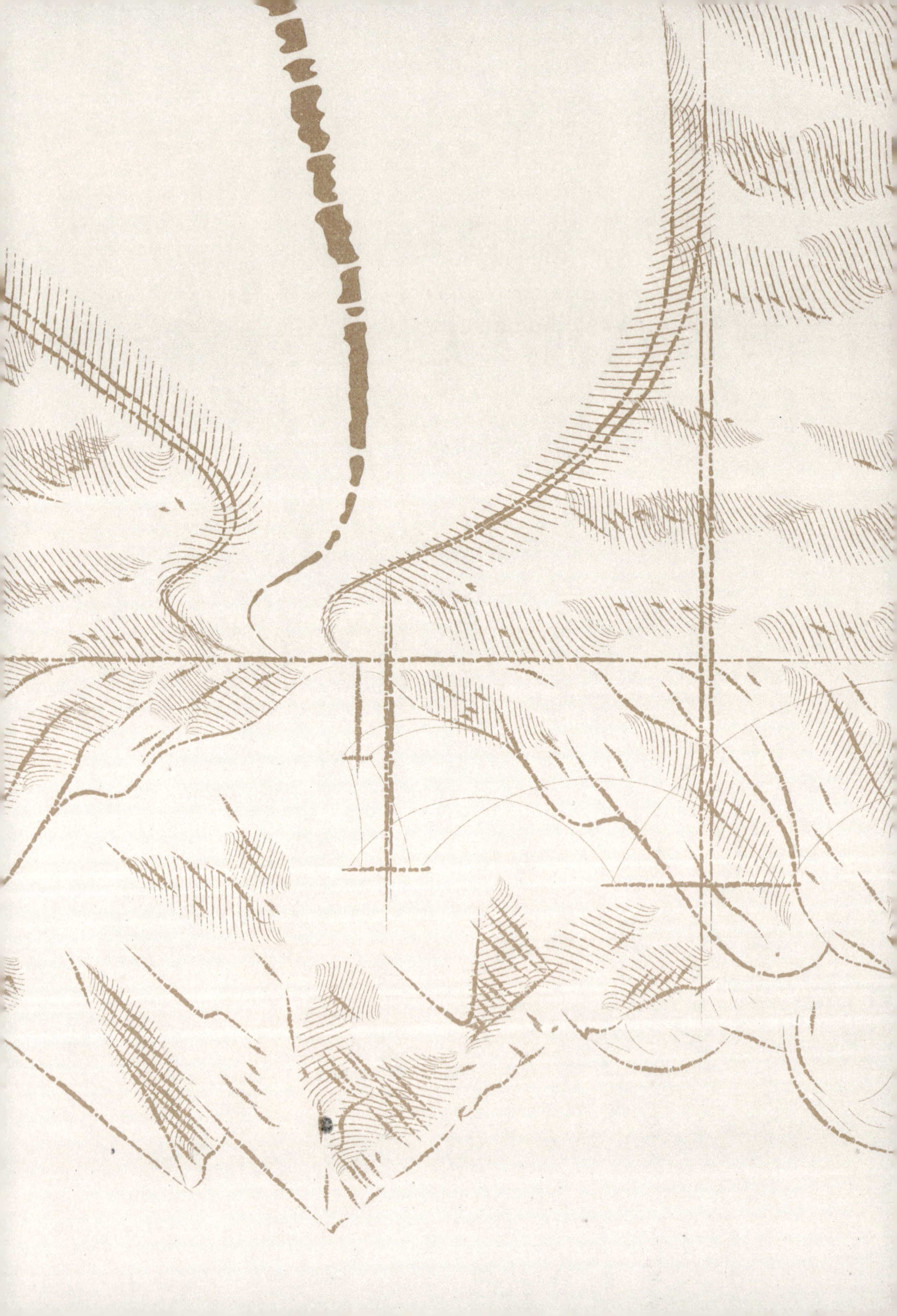

SOBRE A AUTORA

Angela Sirino é psicanalista clínica, sexóloga, pedagoga, detentora do título de Doutor Honoris Causa na área de saúde mental, além de autora dos métodos *Psicanálise: Ciência e Fé* e *Síndrome em Trauma Religioso no Brasil*, ambos registrados e reconhecidos na área educacional. Destacada como uma das psicanalistas mais renomadas do Brasil, segundo matéria publicada pela revista *Isto É*, em julho de 2023, Angela é uma referência na psicanálise contemporânea e possui especializações em Transtornos de Personalidade, Programação Neurolinguística (PNL) e alta performance, agregando uma formação multidisciplinar robusta à sua carreira.

Ela é CEO do Instituto FD, que já formou e continua formando milhares de psicanalistas clínicos com especializações em áreas correlatas. Com uma carteira de mais de 33 mil terapeutas formados e em formação, seu impacto na área da saúde mental é notável. Além disso, seu trabalho com mentorias presenciais e cursos profissionalizantes online já alcançou mais de 300 mil mulheres e famílias ao redor do mundo.

Angela também é escritora, com mais de 17 obras publicadas, além de teses próprias publicadas pelo Instituto FD. Seus livros e cursos online promovem autoconhecimento e transformações significativas na vida emocional e financeira de seus leitores e alunos, em especial aqueles interessados em desenvolvimento pessoal e saúde emocional. Em abril deste ano, ela será certificada pelo CFNI, em Dallas, como uma pessoa que tem impactado a nossa geração.

Casada há 31 anos com o empresário Osmildo Sirino, Angela é mãe de três filhos e congrega na comunidade cristã *Family Church*. Desde os 17 anos, mantém uma trajetória sólida de fé cristã, que permeia e fundamenta sua atuação profissional e pessoal. Seus frutos são evidenciados pelo impacto social e pelas vidas transformadas por meio de seu trabalho, tanto no âmbito educacional quanto no espiritual.